SCHOOL OF ORIENTAL AND AFRICAN STUDIES

MODERN HEBREW

AN INTRODUCTORY COURSE

MODERN HEBREW

AN INTRODUCTORY COURSE

D.J. KAMHI
Late Lecturer in Hebrew
School of Oriental and African Studies
University of London

OXFORD UNIVERSITY PRESS
1982

Oxford University Press, Walton Street, Oxford OX2 6DP
London Glasgow New York Toronto
Delhi Bombay Calcutta Madras Karachi
Kuala Lumpur Singapore Hong Kong Tokyo
Nairobi Dar es Salaam Cape Town
Melbourne Auckland
and associate companies in
Beirut Berlin Ibadan Mexico City

Published in the United States by
Oxford University Press, New York

British Library Cataloguing in Publication Data

Kambi, D J
Modern Hebrew
1. Hebrew language — Grammar
I. Title
492.4'82'421   PJ4564   78—41146

ISBN 0—19—713594—3

set by Interlingua Language Services, Ashurst Wood, East Grinstead, Sussex
Printed in Great Britain
at the University Press, Oxford
by Eric Buckley
Printer to the University

ABBREVIATIONS AND SIGNS

com.	common
f., fem.	feminine
fut.	future
gutt.	guttural
imp.	imperative
inf.	infinitive
m., masc.	masculine
pers.	person
p., pl., plur.	plural
pres.	present
s., sing.	singular
<	main stress
،	secondary stress

PREFACE

This book is intended for students who wish to acquire quickly an elementary grammatical knowledge of Modern Hebrew. It is divided into two parts, the first part consisting of exercises to illustrate the grammatical rules described in the second part.

In the grammar part an attempt is made to give to the student, as concisely as possible, a comprehensive picture of the structure of the language. Students are advised to read through the grammar part once or twice before attempting the first part of the book in order to acquaint themselves with the general features of the language.

The first part contains thirty lessons consisting of exercises with cross references to the grammar. After lesson 18 cross references are not given, because the student will by then have covered the grammar.

From lesson 5 on, the student is given twenty words and is asked to form with them sentences in Modern Hebrew. The words chosen are those of high frequency as attested by the editors of *A foundation list of Hebrew* (1960) and by Raphael Balgur in his *Basic word list* (1968).

It is hoped that the book will be covered in ten weeks, i.e. one university term. This is feasible if three or four hours a week are given up to it and provided students are prepared to give sufficient time for preparation.

A glossary is not included; students are encouraged to use the dictionary.

I am extremely grateful for the encouragement and help I received from Professor J.B. Segal while I was engaged in this work. He read the manuscript and offered me valuable criticisms and suggestions. I would also like to thank the Publications Committee of the School of Oriental and African Studies which has met the cost of the publication.

D.J. KAMHI

ADDENDA AND CORRIGENDA

Page 80   Chapter 1, section 8. Third paragraph. Four lines from end of para-
          graph. Transliteration gᵊdôlāh should read gᵊd̲ôlāh.
Page 81   Chapter 1, section 9. (2) last line. Transliteration haḥôdesh
          should read haḥôd̲esh.
Page 109 Chapter 8, Note 4(a). Add: The present is   נִשְׁלַחַת   (the final
          tav without dagesh and sheva), compare   נִשְׁמֶרֶת   .
          Chapter 8. Note 5(c). Add: The 2nd pers. sing. fem. in the past is
          נוֹכַחְתְּ   (final tav with dagesh and sheva) instead of   נוֹכַחַת   .

The transition from pointed to unpointed text in the Lessons follows Dr. Kamhi's
typescript.

Stress marks have been sparingly used in the Part I vocabularies, mostly to
indicate stress falling on the penultimate syllable in a few words which are not
clearly within the rules given in Chapter I of Part II. In Part II, particularly in the
verb tables, stress marks have been inserted on typical examples which should
enable the student to recognize where the stress falls in the other examples.

As will be seen from his introduction, Dr. Kamhi encouraged students to use the
dictionary. From an early stage in the Lessons, he will be found to have
introduced an occasional question which has the purpose of sending the student
to the dictionary, e.g. in search of an unusual feminine or plural.

DR. D.J. KAMHI

The death of David Kamhi on 28th March 1979 at the tragically early age of 44 has deprived Semitic studies of a learned scholar and a well-loved teacher. May this work be a worthy memorial to a life dedicated to the teaching of Judaism and Hebrew. 'Who is a son of the World to come? He who is humble, enters and leaves a room with bent form, and studies Torah without claiming credit for himself' (Sanh. 88b).

J.B.S.

The Publications Committee of the School of Oriental and African Studies is most grateful to Mr. M. Hoffman for doing most of the work in seeing the book through the press after the death of the author. His self-sacrificing labours are much appreciated.

CONTENTS

PART I

LESSONS

LESSON 1

(grammar: Chapter 1, sections 1-5)

Vocabulary

Where?	אֵיפֹה
I	אֲנִי
Morning	בֹּקֶר
He	הוּא
She	הִיא
This (f.s.)	זֹאת
This (m.s.)	זֶה
Good (m.s.)	טוֹב
Night	לַיְלָה
What?	מַה
Teacher (m.s.)	מוֹרֶה
Teacher (f.s.)	מוֹרָה
Notebook	מַחְבֶּרֶת
Who?	מִי
Book	סֵפֶר
Pen	עֵט
Evening	עֶרֶב
Here	פֹּה
There	שָׁם
Pupil (m.s.)	תַּלְמִיד
Pupil (f.s.)	תַּלְמִידָה

Exercises

1. Transcribe into Hebrew:

   'ēyp͜hōh, zeh, zō't͜h, mah, mî, lay^{ə}lāh, môreh, môrāh, maḥbĕret͜h, sēp͜her, ‘ereb͜h, talmīd͜h, talmīd͜hāh, ṭôb͜h, '^{a}nī, hū' , hī', pōh, s͜hām, ‘ēṭ, bōqer.

2. Write in Hebrew characters the names of the letters and of the vowels.

3. Translate into English:

1. אֵיפֹה הוּא? 2. הוּא פֹּה. 3. אֲנִי שָׁם. 4. מַה זֶה?
5. מִי זֹאת? 6. אֲנִי מוֹרֶה. 7. הִיא תַּלְמִידָה.
8. זֹאת מַחְבֶּרֶת. 9. זֶה סֵפֶר. 10. זֶה עֵט. 11. לַיְלָה טוֹב,
בֹּקֶר טוֹב, עֶרֶב טוֹב.

NOTE: The appropriate form of the verb 'to be' in the present tense, ('am', 'is' and 'are'), must be supplied when translating predicative sentences into English.

4. Summarise the rules of the sheva, of the syllable, and of the short qamats.

LESSON 2

(grammar: Chapter 1, sections 6-9)

Vocabulary

Daddy	אַבָּא
Brother	אָח
There is (are) not	אֵין
You (f.s.)	אַתְּ
You (m.s.)	אַתָּה
Big, great (m.s.)	גָּדוֹל
Also	גַּם
Room	חֶדֶר
Milk	חָלָב
Hot, warm (m.s.)	חַם
Day	יוֹם
To-day	הַיּוֹם
Child (m.s.)	יֶלֶד
Nice (m.s.)	יָפֶה
There is (are)	יֵשׁ
White (m.s.)	לָבָן
Bread	לֶחֶם
Small (m.s.)	קָטָן
Peace, hello, goodbye	שָׁלוֹם

Exercises

1. Analyse the syllables of the words listed in the vocabulary and indicate the place of the stress with the mark < over the stressed syllable.

2. Transcribe into Hebrew:

   hayyôm, yôm, yāp̮heh, yēs̮h, 'ēyn, leḥem, ḥālāb̮h, 'att, 'attāh, ḥam, lāb̮hān, s̮hālôm, gam, 'abbā', gād̮hôl, 'āḥ, ḥed̮her, qāṭān, yeled̮h.

3. Summarize the rules of the dagesh, of the guttural letters, of the stress, and of the definite article.

4. Add a definite article to the following words and translate them into English:

לֶחֶם, חָלָב, תַּלְמִיד, חֶדֶר, מוֹרֶה, לַיְלָה, עֶרֶב, עֵט, מַחְבֶּרֶת, סֵפֶר

5. Translate into English:

1. הַיּוֹם יוֹם יָפֶה. 2. יֵשׁ לֶחֶם לָבָן. 3. אֵין חָלָב הַיּוֹם.
4. אַתְּ תַּלְמִידָה טוֹבָה. 5. גַּם הוּא תַּלְמִיד טוֹב. 6. אֵיפֹה אַבָּא?
7. זֶה חֶדֶר גָּדוֹל. 8. שָׁלוֹם דָּוִד 9. הוּא יֶלֶד טוֹב.
10. זֶה יוֹם חַם. 11. אַתָּה הָאָח הַקָּטָן.

LESSON 3

(grammar: Chapter 1, sections 10-12)

Vocabulary

If	אִם
Land, earth	אֶרֶץ
In	בְּ
In the	בַּ
Egg	בֵּיצָה
House	בַּיִת
Many, much	הַרְבֵּה
And	וְ
Nice (f.s.)	יָפָה
Glass, cup	כּוֹס
Yes	כֵּן
Chair	כִּסֵּא
No	לֹא
Very	מְאֹד
Place	מָקוֹם
Work	עֲבוֹדָה
Town	עִיר
On, upon	עַל
Pencil	עִפָּרוֹן
Cold (m.s.)	קַר
Black (m.s.)	שָׁחוֹר
Of, belonging to	שֶׁל
Table	שֻׁלְחָן
Name	שֵׁם

Exercises

1. Transcribe into Hebrew:

   ’ereṣ, bēyṣāh, bayit̮h, kôs, kissē’, māqôm, ‘ᵃb̮hôd̮hāh, harbēh, ‘al, qar, ‘îr, s̮hāḥôr, ‘ippārôn, s̮hulḥān, s̮hel, yāp̮hāh, kēn, lō’, s̮hēm, mᵊōd̮h.

2. Summarize the rules of the inseparable prepositions, of the ו conjunctive, and of the interrogative ה.

3. Add the inseparable prepositions to the following words and translate them into English:

   אֶרֶץ, עֲבוֹדָה, בַּיִת, כּוֹס, מָקוֹם, עִיר, הָאָרֶץ, הָעֲבוֹדָה, הַבַּיִת, הַכּוֹס, הַמָּקוֹם, הָעִיר.

4. Translate into English:

1. בְּאֶרֶץ יִשְׂרָאֵל יֵשׁ הַרְבֵּה עֲבוֹדָה. 2. יֵשׁ בֵּיצָה עַל הַשֻּׁלְחָן.
3. אֵיפֹה הַבַּיִת שֶׁל דָּוִד? 4. שֶׁל מִי הַכּוֹס הַזֹּאת? 5. קַר
מְאֹד בַּמָּקוֹם הַזֶּה. 6. זֹאת עִיר יָפָה. 7. אֵין כִּסֵּא שָׁחוֹר
בַּבַּיִת הַזֶּה. 8. הַכִּסֵּא וְהַשֻּׁלְחָן בַּבַּיִת הַקָּטָן. 9. הָעִפָּרוֹן
וְהַמַּחְבֶּרֶת עַל הַשֻּׁלְחָן. 10. הַתַּלְמִיד וְהַמּוֹרֶה בַּחֶדֶר הַגָּדוֹל.
11. הַאִם אַתָּה בַּבַּיִת? 12. כֵּן, אֲנִי בַּבַּיִת. 13. הוּא לֹא
בַּבַּיִת. 14. הַאִם הָעִיר יָפָה? 15. מַה הוּא הַשֵּׁם שֶׁל הַמּוֹרֶה?
16. מִי בַּבַּיִת? 17. מַה בַּחֶדֶר ?

LESSON 4

(grammar: Chapters 2, 3, 15)

Vocabulary

These	אֵלֶּה	Tasty (m.s.)	טָעִים
Mother	אֵם	More	יוֹתֵר
Men	אֲנָשִׁים	Blue (f.s.)	כְּחֻלָּה
Woman	אִשָּׁה	Class, classroom	כִּתָּה
Women	נָשִׁים	From	מִ, מֵ
Which, that, who	אֲשֶׁר	Word	מִלָּה
You (m.p.)	אַתֶּם	Hebrew	עִבְרִית
You (f.p.)	אַתֶּן	Eyes	עֵינַיִם
Young women	בַּחוּרוֹת	Lazy (m.p.)	עֲצֵלִים
Door	דֶּלֶת	Narrow (m.p.)	צָרִים
That one (m.)	הַהוּא	Walls	קִירוֹת
That one (f.)	הַהִיא	Easy (f.s.)	קַלָּה
They (m.)	הֵם	Coffee	קָפֶה
They (f.)	הֵן	Hard (f.s.)	קָשָׁה
Those (f.)	הָהֵן	Head	רֹאשׁ
Friends	חֲבֵרִים	Feet	רַגְלַיִם
Strong (m.p.)	חֲזָקִים	Streets	רְחוֹבוֹת
Soldier	חַיָּל	Language	שָׂפָה
Clever (f.p.)	חֲכָמוֹת	Questions	שְׁאֵלוֹת
Window	חַלּוֹן	Picture	תְּמוּנָה
Important (f.s.)	חֲשׁוּבָה	Answer	תְּשׁוּבָה

Exercises

1. Translate into English:

1. אֲנִי תַּלְמִיד בַּכִּתָּה הַזֹּאת. 2. אַתָּה הַמּוֹרֶה שֶׁל הַיֶּלֶד הַזֶּה.
3. יֵשׁ חַלּוֹן גָּדוֹל בַּחֶדֶר הַהוּא. 4. הַדֶּלֶת הַהִיא יוֹתֵר כְּחֻלָּה
מֵהַחַלּוֹן הַהוּא. 5. הַמִּלָּה הַזֹּאת קָשָׁה יוֹתֵר מֵהַמִּלָּה הַהִיא.
6. הַשָּׂפָה הָעִבְרִית הִיא שָׂפָה קַלָּה מְאֹד. 7. הַקִּירוֹת שֶׁל הַבַּיִת
חֲזָקִים. 8. הֵם אֲנָשִׁים טוֹבִים. 9. הַקָּפֶה הַשָּׁחוֹר טָעִים מְאֹד.
10. אַתֶּם חֲבֵרִים טוֹבִים. 11. הָאֵם שֶׁלּוֹ הִיא אִשָּׁה טוֹבָה.
12. הָרֹאשׁ שֶׁלּוֹ גָּדוֹל. 13. הָרְחוֹבוֹת הָאֵלֶּה צָרִים מְאֹד.
14. אֵלֶּה שְׁאֵלוֹת קָשׁוֹת. 15. הַיְלָדִים הָאֵלֶּה עֲצֵלִים.
16. הַבַּחוּרוֹת הָהֵן יָפוֹת. 17. הַסֵּפֶר אֲשֶׁר עַל הַשֻּׁלְחָן הוּא
שֶׁלִּי. 18. הַתְּמוּנָה שֶׁלָּהֶם יָפָה. 19. זֹאת תְּשׁוּבָה חֲשׁוּבָה.
20. אַתֶּן נָשִׁים חֲכָמוֹת. 21. הָעֵינַיִם שֶׁל הַיַּלְדָּה יָפוֹת
וּגְדוֹלוֹת. 22. הָרַגְלַיִם שֶׁל הַחַיָּל חֲזָקוֹת.

2. Give the feminine of the following:

תַּלְמִיד (1), מוֹרֶה (2), יֶלֶד (2), גָּדוֹל (3), הַהוּא (3),
טָעִים (9), שֶׁלּוֹ (11), עֲצֵלִים (15), שֶׁלָּהֶם (18).

3. Give the masculine of the following:

הַזֹּאת (5), הַהִיא (5), קַלָּה (6), קָשׁוֹת (14), יָפוֹת (16),
יָפָה (18), חֲשׁוּבָה (19), נָשִׁים (20), גְּדוֹלוֹת (21),
חֲזָקוֹת (22).

4. Give the plural of the following:

אֲנִי (1), כִּתָּה (1), מוֹרֶה (2), חַלּוֹן (3), חֶדֶר (3),
דֶּלֶת (4), זֹאת (5), מִלָּה (5), שָׂפָה (6), קַלָּה (6),
שֻׁלְחָן (17), סֵפֶר (17), רֹאשׁ (12), בַּיִת (7).

5. Give the singular of the following:

קִירוֹת (7), חֲזָקִים (7), אַתֶּם (10), רְחוֹבוֹת (13),
שְׁאֵלוֹת (14), עֲצֵלִים (15), הָהֵן (16), שֶׁלָּהֶם (18),
נָשִׁים (20), חֲזָקוֹת (22).

6. Summarize the rules contained in chapter 1 of the grammar.

LESSON 5

(grammar: Chapters 3, 4)

Vocabulary

Spring	אָבִיב	To give	נתן
To eat	אכל	To close	סגר
To say	אמר	Until	עַד
We	אֲנַחְנוּ	To stand	עמד
Particle used with definite accusative.	אֶת	To do	עשׂה
		Passover	פֶּסַח
		Twice	פַּעֲמַיִם
To come	בוא	To open	פתח
To cry	בכה	Voice	קוֹל
Garden, park	גַּן	To rise	קום
Parents	הוֹרִים	To read, to call	קרא
Festival	חַג		
To celebrate	חגג	To see	ראה
To know	ידע	To put	שׂים
Jews	יְהוּדִים	To ask	שׁאל
To sit	ישׁב	Week	שָׁבוּעַ
All, every	כָּל[1]	Seven (f.)	שֶׁבַע
To write	כתב	Saturday	שַׁבָּת
To learn	למד	To sing	שׁיר
Before	לִפְנֵי	To hear	שׁמע
To die	מות	Hour	שָׁעָה
Letter	מִכְתָּב	To drink	שׁתה
From	מִן	Tea	תֵּה

NOTE: 1 Pronounced kol

Exercises

1. Translate into English:

1. אני אוֹכֵל בֵּיצה כָּל יוֹם. 2. הוּא אוֹמֵר לַתַּלְמִידִים
לֶאֱכֹל אֶת הַלֶּחֶם. 3. הוּא בָּא לִרְאוֹת אֶת הַהוֹרִים בְּיוֹם
שַׁבָּת. 4. הִיא יוֹדַעַת לָשִׁיר יָפֶה. 5. אֲנַחְנוּ יוֹשְׁבִים
בגן בַּבֹּקֶר וּבָעֶרֶב. 6. אַתֶּן כּוֹתְבוֹת מכתב לַהורים שֶׁלָּכֶן
כל שָׁבוּעַ. 7. אנחנו לוֹמְדוֹת עברית פַּעֲמַיִם בַּשבוע.
8. הֵם נוֹתְנִים לַיֶּלֶד הרבה חלב. 9. אנחנו סוֹגְרִים
אֶת הַחַלּוֹנוֹת ואת הַדְּלָתוֹת. 10. הם עוֹמְדִים על
הרגלים מִן הבקר עַד הערב. 11. הן עוֹשׂוֹת את
הָעֲבוֹדָה שלהן כל יום. 12. הם פּוֹתְחִים אֶת הדלת
וְסוֹגְרִים אֶת החלון. 13. הן קָמוֹת בְּשָׁעָה שֶׁבַע בבקר.
14. אתן קוֹרְאוֹת ספר עברי. 15. הן רוֹאוֹת את
הַיְלָדִים מִן החלון. 16. הִיא שׁוֹאֶלֶת שְׁאֵלוֹת קָשׁוֹת.

17. הוא שָׂם אֶת הספר על השלחן. 18. היא שׁוֹמַעַת אֶת
קוֹל הילד הַבּוֹכֶה. 19. הַיְּהוּדִים חוֹגְגִים אֶת חַג הַפֶּסַח
בָּאָבִיב. 20. אנחנו שׁוֹתִים חלב קפה וְתֵה. 21. החלון
סָגוּר והדלת פְּתוּחָה. 22. הוא מֵת לִפְנֵי שָׁבוּעַ.

2. Write with full pointing the infinitive qal of the following:

אכל, אמר, בוא, ידע, שיר, ישב, כתב, למד, נתן, סגר, עמד,
עשה, פתח, קום, קרא, ראה, שאל, שים, שמע, חגג, שתה.

3. Give the plural of the following:

בֵּיצָה (1), יוֹם (1), גַּן (5), בֹּקֶר (5), עֶרֶב (5), מִכְתָּב (6),
שָׁבוּעַ (6), יֶלֶד (8), עֲבוֹדָה (11), סֵפֶר (14).

4. Give the singular of the following:

הוֹרִים (3), כּוֹתְבוֹת (6), שֶׁלָּכֶן (6), פַּעֲמַיִם (7),
חַלּוֹנוֹת (9), דְּלָתוֹת (9), רַגְלַיִם (10), קָמוֹת (13),
חוֹגְגִים (19), שׁוֹתִים (20).

5. Give the feminine of the following:

אוֹכֵל (1), בָּא (3), יוֹשְׁבִים (5), נוֹתְנִים (8), יֶלֶד (8),
עוֹמְדִים (10), שָׂם (17), חוֹגְגִים (19), סָגוּר (21),
מֵת (22).

6. Form sentences with the following words and translate them into English:

בַּיִת, גַּם, מַה, יָד, עַד, יֶלֶד, אֲשֶׁר, אִישׁ, גָּדוֹל, עִם, מִן,
יָדַע, אַף, עַיִן, עוֹד, בֵּן, קָטָן, לֵב, כֵּן, הִנֵּה.

7. Put vowels in the words left unpointed in exercise 1.

LESSON 6

(grammar: Chapters 3, 4, 5)

Vocabulary

But	אֲבָל
Air	אֲוִיר
Light	אוֹר
Guest	אוֹרֵחַ
After	אַחֲרֵי
One (f.)	אַחַת
To	אֶל
Truth	אֱמֶת
English	אַנְגְלִית
Possible	אֶפְשָׁר
Meal	אֲרוּחָה
Yesterday	אֶתְמוֹל
Please	בְּבַקָּשָׁה
Sure	בָּטוּחַ
Hospital	בֵּית חוֹלִים
Children, sons	בָּנִים
Valour	גְבוּרָה
To dwell	גוּר
He spoke	דִּבֵּר
Flat	דִּירָה
He believed	הֶאֱמִין
He promised	הִבְטִיחַ
He lit	הִדְלִיק
It was decided	הָחְלַט
To be	היה
To go	הלך
He agreed	הִסְכִּים
Lecture	הַרְצָאָה
He began	הִתְחִיל
He dressed himself	הִתְלַבֵּשׁ
He became accustomed	הִתְרַגֵּל
He washed	הִתְרַחֵץ
Sure(ly)	וַדַּאי
Time	זְמַן
New (m.p.)	חֲדָשִׁים
Life	חַיִּים
Shop	חָנוּת
To think	חשב
To go out	יצא
Here	כָּאן
Because	כִּי
To approach	לָגֶשֶׁת
To live	לִחְיוֹת
He taught	לִמֵּד
To travel	לִנְסֹעַ
Quickly	מַהֵר
Tomorrow	מָחָר
Unfortunate	מִסְכֵּן
Interesting	מְעַנְיֵן
Family	מִשְׁפָּחָה
Office	מִשְׂרָד
Speech	נְאוּם
He entered	נִכְנַס
He fought	נִלְחַם
Was sold	נִמְכַּר
Was wounded	נִפְצַע
Clean	נָקִי
He remained	נִשְׁאַר
To breathe	נשם
To count	ספר
He told	סִפֵּר
Story	סִפּוּר
Still	עֲדַיִן
Now	עַכְשָׁו
Vacant	פָּנוּי
Noon	צָהֳרַיִם [1]
Was shortened	קֻצַּר
A little	קְצָת
Train	רַכֶּבֶת
High	רָם
To want	רצה
Only	רַק
That	...שֶׁ
Year	שָׁנָה
Quiet (n.)	שֶׁקֶט
Always	תָּמִיד

NOTE : 1 Pronounced tsoh^{o}rayim

Exercise

1. Translate into English:

1. בְּבַקָּשָׁה לָגֶשֶׁת אֶל הַמִּשְׂרָד.
2. הוא אָמַר לָאוֹרֵחַ לָשֶׁבֶת ולאכֹל אֶת הָאֲרוּחָה.
3. הוא חָשַׁב לִנְסֹעַ אֶתְמוֹל ,אֲבָל לא הָיָה מקום פָּנוּי בָּרַכֶּבֶת.
4. הוא נִשְׁאַר בְּבית כל היום וְרַק עַכְשָׁו יָצָא לרחוב לִנְשֹׁם קְצָת אֲוִיר.
5. הבית נִמְכַּר לפני שָׁנָה וְהַמִּשְׁפָּחָה גָּרָה עַכְשָׁו בְּדִירָה קטנה.
6. הוא דִּבֵּר הרבה שפות וּבְוַדַּאי יָדַע עברית וְאַנְגְּלִית.
7. הוא לִמֵּד את הַבָּנִים שלו לוֹמַר תָּמִיד את הָאֱמֶת.
8. הוא סָפַר את הַמַּחְבָּרוֹת לפני שֶׁיָּצָא מן הכתה.
9. הוא סִפֵּר לתלמידים סִפּוּר יפה וּמְעַנְיֵן.
10. הַנְּאוּם ,קָצַר כִּי לא נִשְׁאַר הרבה זְמַן.
11. הוא נִכְנַס אֶל החדר לפני שעה ואני חושב שהוא ,עֲדַיִן שם.
12. הוא נִלְחַם בִּגְבוּרָה ,אֲבָל הַמִּסְכֵּן נִפְצַע ומת.
13. הוא הֶאֱמִין שֶׁאֶפְשָׁר לִחְיוֹת בְּשֶׁקֶט בארץ הזאת.
14. הוא הִבְטִיחַ להורים שלו לבוא מָחָר לפני הַצָּהֳרַיִם.
15. הזא הִדְלִיק את הָאוֹר וְהִתְחִיל לקרא את הספר בקול רָם.
16. הָחְלַט לסגר את הֶחָנוּיוֹת בשעה אַחַת אַחֲרֵי הַצָּהֳרַיִם.
17. הוא הִתְלַבֵּשׁ מַהֵר וְהָלַךְ לְבֵית הַחוֹלִים.
18. הוא הִתְרַגֵּל לַחַיִּים הַחֲדָשִׁים וְרוֹצֶה לִחְיוֹת כַּאן תָּמִיד.
19. הוא הִתְרַחֵץ בבקר ואני בָּטוּחַ שהוא נָקִי.
20. הוא הִסְכִּים לבוא לַהַרְצָאָה.

2. Parse the following:

לָגֶשֶׁת (1), לָשֶׁבֶת (2), לִנְסֹעַ (3), פָּנוּי (3), נִמְכַּר (5),
דִּבֵּר (6), ,קָצַר (10), הִבְטִיחַ (14), הִתְלַבֵּשׁ (17), בָּטוּחַ (19).

3. Give the plural of the following:

מִשְׂרָד (1), ,אֲרוּחָה (2), מָקוֹם (3), רַכֶּבֶת (3), בַּיִת (5),
שָׁנָה (5), דִּירָה (5), סִפּוּר (9), זְמַן (10), אֶרֶץ (13).

4. Give the singular of the following:

שָׂפוֹת (6), בָּנִים (7), מַחְבָּרוֹת (8), חוֹלִים (17), חֲדָשִׁים (18).

5. Give the feminine of the following:

אוֹרֵחַ (2), פָּנוּי (3), שֶׁלּוֹ (7), רָם (15), חוֹלִים (17),
בָּטוּחַ (19), נָקִי (19).

6. Form sentences with the following and translate them into English:

קוֹל, מַיִם, טוֹב, רֹאשׁ, פָּנִים, שָׁנָה, יָשַׁב, רַק, זֹאת, פַּעַם, מָקוֹם,

מְאֹד, אֶרֶץ, יוֹתֵר, אֶחָד, בֵּין, דֶּרֶךְ, שָׁם, אֲבָל, תּוֹךְ.

7. Put vowels in the words left unpointed in exercise 1.

LESSON 7

(grammar: Chapters 5, 15)

Vocabulary

Watermelon	אֲבַטִּיחַ
Stones	אֲבָנִים
Red	אָדֹם
To love	אהב
Enemy	אוֹיֵב
Airplane	אֲוִירוֹן
Man	אִישׁ
Mummy	אִמָּא
Ship	אֳנִיָּה
Disaster, accident	אָסוֹן
Never	אַף פַּעַם
Possibility	אֶפְשָׁרוּת
Revolver	אֶקְדָּח
Cupboard	אָרוֹן
Long	אָרֹךְ
Ice cream	גְּלִידָה
To kill	הרג
Glass	זְכוּכִית
To throw	זרק
Month	חֹדֶשׁ
To be ill	חלה
He searched	חִפֵּשׂ
Hand	יָד
To be able	יכל
Sea	יָם
Right	יְמָנִית
To shoot	ירה
Jerusalem	יְרוּשָׁלַיִם
Green	יְרֻקָּה
To sleep	ישן
Almost	כִּמְעַט
Money	כֶּסֶף
In vain	לַשָּׁוְא
Early	מוּקְדָּם
Suitcase	מִזְוָדָה
Juice	מִיץ
Car	מְכוֹנִית
To stumble	מעד
To find	מצא
Refrigerator	מְקָרֵר
Centre	מֶרְכָּז
Was run over	נִדְרַס
To rest	נוח
Shoes	נַעֲלַיִם
To fall	נפל
To work	עבד
To pass	עבר
Blind	עִוֵּר
By	עַל יְדֵי
With	עִם
Corner	פִּנָּה
Fruits	פֵּרוֹת
Young	צָעִיר
Must	צָרִיךְ
Kibbutz (collective settlement)	קִבּוּץ
To buy	קנה
To happen	קרה
Head, main	רָאשִׁי
Doctors	רוֹפְאִים
Far	רָחוֹק
To swim	שׂחה
Dress	שִׂמְלָה
To break	שׁבר
Vanity	שָׁוְא
Market	שׁוּק
Sun	שֶׁמֶשׁ
Under	תַּחַת

Exercises

1. Translate into English:

1. קָנִיתִי פֵּרוֹת מן הַשּׁוּק וְשַׂמְתִּי בַּמְּקָרֵר.
2. זרקנו אֲבָנִים על הַמְּכוֹנִית ושברנו את הַזְּכוּכִית.
3. אכלנו אֲבַטִּיחַ אָדֹם ושתינו מִיץ קַר.
4. הם כתבו מכתב אָרֹךְ אל ההורים לפני חֹדֶשׁ.
5. נָתַנּוּ הרבה כסף לבן הַצָּעִיר כי הוא רוצה לִקְנוֹת בית בְּמֶרְכַּז העיר.
6. הם קָמוּ בבקר מוּקְדָּם והלכו לִשְׂחוֹת בַּיָּם.
7. הילדה אהבה את הַשִּׂמְלָה הַיְּרֻקָּה וְהַנַּעֲלַיִם הַלְּבָנוֹת.
8. הם נסעו בַּאֲוִירוֹן כי לא יכלו למצא מקום בָּאֳנִיָּה.
9. חָגַגְנוּ את חַג הפסח עם כל המשפחה בירושלים.
10. לא הָיְתָה אֶפְשָׁרוּת לבוא ולראות את אִמָּא בשבוע שֶׁעָבַר.
11. הָאִישׁ הָעִוֵּר מָעַד וְנָפַל וְשָׁבַר את הַיָּד הַיְמָנִית.
12. קרה אָסוֹן ברחוב הָרָאשִׁי, ילד קטן נדרס על ידי מכונית.
13. אַף פַּעַם לא אמרתי שאתה יָכוֹל לִישׁוֹן בחדר שלי.
14. הם גרו לא רָחוֹק מן הבית שלי וראיתי את הבנים שלהם כִּמְעַט בכל יום.
15. הוא חִפֵּשׂ את הַכֶּסֶף בכל פִּנָּה ופנה אבל לַשָּׁוְא.
16. הם נסעו לַקִּבּוּץ ועבדו 8 שעות ביום תַּחַת הַשֶּׁמֶשׁ הַחַמָּה.
17. הַחַיָּל ירה בְּאֶקְדָּח והרג את הָאוֹיֵב.
18. שמנו את הַמִּזְוָדָה בָּאָרוֹן ויצאנו לקנות גְּלִידָה.
19. הוא חלה וְהָרוֹפְאִים אמרו שהוא צָרִיךְ לָנוּחַ.
20. יָכֹלְנוּ לָצֵאת מן הבית יותר מוּקְדָּם אבל הילדים היו יְשֵׁנִים.

2. Parse the following:

קָנִיתִי (1), שַׂמְתִּי (1), נָתַנּוּ (5), לִקְנוֹת (5), קָמוּ (6), לִשְׂחוֹת (6), חָגַגְנוּ (9), הָיְתָה (10), לִישׁוֹן (13), יָכֹלְנוּ (20).

3. Give the plural of the following:

[1] שׁוּק (1), [2]מְכוֹנִית (2), אָרֹךְ (4), עִיר (5), אִישׁ (11), יָד (11), יָם (6), שִׂמְלָה (7), רָחוֹק (14), פִּנָּה (15).

4. Give the singular of the following:

פֵּרוֹת (1), אֲבָנִים (2), נַעֲלַיִם (7), שָׁעוֹת (16), רוֹפְאִים (19), יְלָדִים (20).

5. Give the feminine of the following:

אָדֹם (3), קַר (3), בֵּן (5), אִישׁ (11), יָכוֹל (13), רָחוֹק (14), בָּנִים (14), חַיָּל (17), צָרִיךְ (19), יְשֵׁנִים (20).

NOTE : 1 Differs from סוס !
: 2 Chapter 18, A,3

6. Form sentences with the following and translate them into English:

שָׁאַל, אַתָּה, יֵשׁ, שָׁעָה, עָבַר, שֵׁם, אוֹ, עֵץ, אֵלֶּה, כְּבָר, מִי, יָפֶה,
עֶצֶם, אַף, נָתַן, רוּחַ, כְּמוֹ, אַחֵר, רִאשׁוֹן.

7. Put vowels in the words left unpointed in exercise 1.

8. Memorize the conjugation of the past tense.

9. Conjugate the following verbs in the present and past qal:

קנה, שיר, נתן, יצא, יכל, חגג, אהב, גור, ישן, נסע.

LESSON 8

(grammar: Chapters 16, 17)

Vocabulary

Land	אֲדָמָה	Ready	מוּכָן
Food	אֹכֶל	Early (f.)	מוּקְדֶּמֶת
Rice	אֹרֶז	Washing machine	מְכוֹנַת כְּבִיסָה
After that	אַחַר כָּךְ	War	מִלְחָמָה
Impossible	אִי אֶפְשָׁר	Government	מֶמְשָׁלָה
How?	אֵיךְ	Headmaster	מְנַהֵל
Examinations	בְּחִינוֹת	Party	מְסִבָּה
Synagogue	בֵּית כְּנֶסֶת	To deliver	מסר
School	בֵּית סֵפֶר	Lecturer	מַרְצֶה
Bottle	בַּקְבּוּק	To speak	נאם
He visited	בִּקֵּר	Examinees	נִבְחָנִים
He requested	בִּקֵּשׁ	Comfort	נֶחָמָה
Meat	בָּשָׂר	Correct (f.)	נְכוֹנָה
Daughter	בַּת	Journey	נְסִיעָה
Galilee	גָּלִיל	President	נָשִׂיא
Uncle	דּוֹד	Immigrants	עוֹלִים
Regards	דְּרִישַׁת שָׁלוֹם	To help	עזר
He disturbed	הִפְרִיעַ	He examined	עִיֵּן
He succeeded	הִצְלִיחַ	Fertile (f.)	פּוֹרִיָּה
Mountains	הָרִים	Many	רַבִּים
Cheap	זוֹל	Noise	רַעַשׁ
Suit	חֲלִיפָה	List	רְשִׁימָה
Half	חֲצִי	Joy	שִׂמְחָה
Outing	טִיּוּל	Neighbour	שָׁכֵן
Wine	יַיִן	Homework	שִׁעוּרֵי בַּיִת
When	כַּאֲשֶׁר	Accident	תְּאוּנָה
So	כָּל כָּךְ	Potatoes	תַּפּוּחֵי אֲדָמָה

Exercises

1. Translate into English:

1. לא יכלנו ללכת לבית הספר כי היינו חולים.
2. דוד הילד קנה חליפה כחלה בְּזול.
3. אדמת ארץ ישראל היא אדמה פוריה.
4. שאלת המרצה היתה קשה אבל התלמידים נתנו תשובה נכונה.
5. בת השכן היתה חולה ולא יכלה לבוא אל המסבה.
6. חדר המורים היה סגור ואי אפשר לדעת איך ומי פתח את הדלת ואת החלונות.
7. נא למסר דרישת שלום בשם כל התלמידים למנהל ולמורות.

8. אכלנו בשר, ארז ותפחי אדמה ואחר כך שתינו בקבוק
יין אדום.

9. שמחת האם היתה גדולה כאשר שמעה שהבן שלה הצליח
בבחינות.

10. ראש העיר בקר בבית הכנסת ונאם נאום חשוב.

11. רצינו לאכל ארוחת בקר בשעה מוקדמת אבל לא יכלנו כי
האכל לא היה מוכן.

12. תלמידי הכתה יצאו לטיול של יומים בהרי הגליל.

13. אֵשֶׁת הנשיא רוצה לנוח אחרי נסיעה כל כך ארכה.

14. אנחנו רוצים לקנות מכונת כביסה אבל אין כסף.

15. החיל מת בתאונת דרכים אחרי המלחמה.

16. מנהל בית הספר בקש מן התלמידים לעשות את שעורי הבית.

17. ממשלת ישראל עוזרת לעולים החדשים.

18. צרת רבים חצי נחמה.

19. רעש המכוניות הפריע למורים ולתלמידים.

20. המנהל עין ברשימת הנבחנים.

2. Derive nouns from the following verbs:

אכל (8), שתה (8), הצליח (9), בקר (10), יצא (12),
קנה (14), בקש (16), הפריע (19), עין (20).

3. Parse the following:

יָכֹלְנוּ (1), לָלֶכֶת (1), לָבוֹא (5), לָדַעַת (6), לִמְסֹר (7),
הִצְלִיחַ (9), בִּקֵּר (10), טִיּוּל (12), מֵת (15), הִפְרִיעַ (19).

4. Give the plural of the following:

אֲדָמָה (3), מַרְצֶה (4), הָיְתָה (4), בַּת (5), מְסִבָּה (5),
שֵׁם (7), אֵם (9), רֹאשׁ (10), חָשׁוּב (10), נְסִיעָה (13).

5. Give the singular of the following:

הָיִינוּ (1), נָתְנוּ (4), בְּחִינוֹת (9), יָכֹלְנוּ (11),
יוֹמַיִם (12), רוֹצִים (14), דְּרָכִים (15), עוֹלִים (17),
מְכוֹנִיּוֹת (19), נִבְחָנִים (20).

6. Point the sentences in exercise 1.

7. Translate and give the construct form of the following:

דּוֹד, אָח, אָבִיב, אֲבָנִים, אוֹר, אוֹרֵחַ, אִישׁ, אִמָּא, אֲנִיָּה,
אֲנָשִׁים, אֶקְדָּח, אֲרוּחָה, אָרוֹן, אֶרֶץ, אִשָּׁה.

8. Conjugate the following verbs in the present and past qal:

היה, ידע, פתח, שתה, שמע, נוח, עשה, בוא, אכל, עזר

9. Form sentences with the following and translate them into English:

כְּדֵי, רָצָה, אַחַת, אַבָּא, יָרַד, רֶגַע, לַיְלָה, עוֹלָם, לִפְנֵי, חֶדֶר,
רֶגֶל, עִיר, עָנָה, בִּקֵּשׁ, נַעַר, חָזַר, כַּמָּה, חָשַׁב, אָב, אֵלֶּה.

LESSON 9

(grammar: Chapters 16, 17, 18)

Vocabulary

Father	אָב	Heart	לֵב
Sister	אָחוֹת	To take	לקח
Another	אַחֵר	Bed	מִטָּה
Wallet	אַרְנָק	The best	מֵיטָב
Hotel	בֵּית מָלוֹן	Restaurant	מִסְעָדָה
Nevertheless	בְּכָל זֹאת	To please	מָצָא חֵן
Pool	בְּרֵכָה	To travel	נסע
Houses	בָּתִּים	Writer	סוֹפֵר
To finish	גמר	Doubt	סָפֵק
To steal	גנב	Witnesses	עֵדִים
Words	דְּבָרִים	Therefore	עַל כֵּן
Aunt	דּוֹדָה	Deep	עֲמֻקָּה
Way	דֶּרֶךְ	Advice	עֵצָה
He continued	הִמְשִׁיךְ	Workers	פּוֹעֲלִים
One another	זֶה אֶת זֶה	Yellow	צְהֻבָּה
Essay	חִבּוּר	He accepted, received	קִבֵּל
To return	חזר	Near	קְרוֹבָה
Charm	חֵן	Bad	רָעָה
Dry	יָבֵשׁ	Pay attention	שָׂם לֵב
Ability	יְכֹלֶת	Teeth	שִׁנַּיִם
To ache	כאב		
Pocket	כִּיס		

Exercises

1. Translate into English:

1. אבי ואמי נסעו ברכבת אבל דודי ודודתי נסעו באוירון.
2. אחותי ואחי למדו עברית בבית הספר ויודעים לקרא ולכתב.
3. המנהלת אמרה לתלמידיה לא לעשות רעש בכתות.
4. הילד נפל ממטתו ונפצע קשה בראשו.
5. קראתי את חבורך ובאמת מצא חן בעיני.
6. הסופר לקח את עטו וכתב מכתב ארך לבני משפחתו.
7. אין ספק שהוא אוהב את אשתו ואת בניו.
8. הפועלים גמרו את עבודתם וחזרו לבתיהם.
9. אכלנו את ארוחותינו במסעדה שבבית המלון.
10. הוא לא שם לב לדברי והמשיך בדרכו הרעה.
11. הוא לא קבל את עצתי והלך לעבד במקום אחר.
12. דירתו קרובה לדירתי ובכל זאת אף פעם לא ראינו זה את זה.

13. הוא נכנס למשרדי והתחיל לבכות בקול רם.
14. הוא גנב את כספי מן הארנק שהיה בכיסי.
15. ידו כאבה ועל כן הלך לראות את הרופא.
16. לא מצאתי את שמלתי הצהבה.
17. ברכתנו עמקה מאד ואין לתת לילדים לשחות שם.
18. אתם עדי שעשיתי את עבודתי כמיטב יכלתי.
19. שני חזקות ואני יכול לאכל לחם יבש.
20. בבקשה לתת לילדים כוס חלב קר כל בקר.

2. Parse the following:

לַעֲשׂוֹת (3), קָרָאתִי (5), שָׁם (10), רָאִינוּ (12), נִכְנַס (13),
לִבְכּוֹת (13), כָּאֲבָה (15), לִשְׁחוֹת (17), עֲמֻקָּה (17), לָתֵת (20).

3. Give the plural of the following:

אָב (1), אֵם (1), אָחוֹת (2), חִבּוּרְךָ (5), רֹאשׁ (4), עֵט (6),
אִשָּׁה (7), מִסְעָדָה (9), דֶּרֶךְ (10), עֵצָה (11).

4. Translate and give the construct form of the following:

אָב (1), אֵם (1), דּוֹדָה (1), אָחוֹת (2), מְנַהֶלֶת (3),
עֵט (6), אִשָּׁה (7), בָּנִים (7), יָד (15), שֵׁן (19).

5. Form sentences with the following and translate them into English:

הָיָה, אָמַר, רָאָה, הָלַךְ, עָמַד, קָרָא, עָשָׂה, יָצָא, עָלָה, שָׁמַע,
אֵת, עַל, לֹא, שֶׁל, כָּל, אֶל, זֶה, כִּי, אֵין, יוֹם,

6. Conjugate the following verbs in the present and past qal:

חטא, שׂים, עלה, מות, בחר, לקח, סבב, שלח, גמר, ירא

7. Point the sentences in exercise 1.

8. Derive nouns from the following verbs:

נסע (1), ידע (2), עשה (3), מצא (5), אהב (7), חזר (8),
קבל (11), התחיל (13), גנב (14), יכל (19).

9. Give the feminine of the following:

יֶלֶד (4), נָפַל (4), אָרֹךְ (6), בָּנָיו (7), אַחֵר (11), זֶה (12),
רָם (13), הָיָה (14), רוֹפֵא (15), יָכוֹל (19), יָבֵשׁ (19), קַר (20).

10. Give the singular of the following:

יוֹדְעִים (2), כִּתּוֹת (3), עֵינַיִם (5), בָּנִים (6), בָּתִּים (8),
דְּבָרִים (10), עֵדִים (18), שִׁנַּיִם (19), יְלָדִים (20).

LESSON 10

(grammar: Chapters 18, 19, 20, 21)

Vocabulary

Either, or	אוֹ	Gifts	מַתָּנוֹת
Hall	אוּלָם	Donations, alms	נְדָבוֹת
Then	אָז	Merchandise	סְחוֹרָה
One	אֶחָד	Films	סְרָטִים
Few	אֲחָדִים	Still, more	עוֹד
Which?	אֵיזֶה	To leave	עזב
Beside, at, near, with	אֵצֶל	Tired	עֲיֵפִים
Four	אַרְבַּע	Poor	עָנִי
Between	בֵּין	Tree	עֵץ
During	בְּמֶשֶׁךְ	Ten	עֶשֶׂר
Rain	גֶּשֶׁם	To meet	פגש
Soaked	הִרְטִיב	Once	פַּעַם
To remember	זכר	Cinema	קוֹלְנוֹעַ
Shirts	חֻלְצוֹת	First	רִאשׁוֹן
Five	חֲמִשָּׁה	Fourth	רְבִיעִי
Birthday	יוֹם הֻלֶּדֶת	Nothing	שׁוּם דָּבָר
In order	כְּדֵי	Third	שְׁלִישִׁי
Liras	לִירוֹת	Three	שָׁלֹשׁ
Above, upwards	לְמַעְלָה	Eight	שְׁמוֹנֶה
Two hundred	מָאתַיִם	Two	שְׁנֵי
Full	מָלֵא	Queue	תּוֹר

Exercises

1. Translate into English:

1. מי אמר לך שאתה יכול לישון בחדרי?
2. באיזה יום באתן לראות אותי?
3. אנחנו חושבים לנסע או ביום ראשון או ביום שלישי.
4. יש לו שלש או ארבע חליפות וכלן יפות וחדשות.
5. הוא גר אצלנו במשך חמשה חדשים ואחר כך עזב את דירתנו והלך לגור במקום אחר.
6. פגשתי אותו רק פעם אחת ועודני זוכר אותו יפה.
7. עמדנו בתור לפניו ולא אחריו.
8. אין שום דבר ביני ובין אחי.
9. הוא דבר אתי ביום רביעי בערב ומאז לא ראיתי אותו.
10. חבר אחד ספר לי שמצא מאתים לירות ברחוב הראשי.
11. חמשה אנשים באו לחנות וקנו הרבה סחורה.

12. ראיתי אותן ברחוב ואמרתי להן לבקר אצלנו בערב בשעה שמונה.
13. אינני רוצה לצאת הערב כי יש לי הרבה עבודה.
14. יש להם הרבה כסף ויכולים לקנות עשר חלצות.
15. רק אחדים שמעו את ההרצאה כי האולם היה מלא.
16. יום אחד בא אלינו איש עני ובקש ממנו נדבות.
17. כאשר ישבנו תחת העץ כדי לנוח קצת ירד גשם חזק והרטיב אותנו.
18. הלכנו לקולנוע וראינו שני סרטים מעניינים.
19. הילד קבל יותר מעשר מתנות ביום ההלדת שלו.
20. אנחנו עובדים למעלה משמונה שעות ביום ועל כן אנחנו עיפים.

2. Give the plural of the following:

לָךְ (1), רִאשׁוֹן (3), שְׁלִישִׁי (3), חֲמִשָּׁה (5), אוֹתוֹ (6), לְפָנָיו (7), אַחֲרָיו (7), בֵּינִי (8), אִתִּי (9), אֵינֶנִּי (13), שֶׁלּוֹ (19).

3. Give the feminine of the following:

לְךָ (1), רִאשׁוֹן (3), שְׁלִישִׁי (3), חֲמִשָּׁה (5), אוֹתוֹ (6), לְפָנָיו (7), אַחֲרָיו (7), לָהֶם (14), אֲחָדִים (15), אֶחָד (16).

4. Give the singular of the following:

כֻּלָּן (4), חֲדָשׁוֹת (4), אֶצְלֵנוּ (5), חֲדָשִׁים (5), מָאתַיִם (10), אֲנָשִׁים (11), אוֹתָן (12), לָהֶם (14), אֵלֵינוּ (16), אוֹתָנוּ (17).

5. Give the masculine of the following:

בָּאתֶן (2), שָׁלֹשׁ (4), אַרְבַּע (4), יָפוֹת (4), אַחַת (6), אוֹתָן (12), לָהֶן (12), עֶשֶׂר (14), שְׁמוֹנֶה (20).

6. Form sentences with the following and translate them into English:

עַתָּה, בַּעַל, אָדָם, זְמַן, אָז, כַּאן, חָבֵר, חָדָשׁ, מָלֵא, אִמָּא, חַיִּים, בֶּגֶד, סוֹף, אִשָּׁה, שׁוּב, לָקַח, מִיָּד, מֶלֶךְ, בְּלִי, אִם.

7. Decline the following words:

סְחוֹרָה, דָּבָר, כֶּסֶף, דִּירָה.

8. Give the construct form of the following:

בֵּיצָה, בֹּקֶר, בְּרֵכָה, בָּשָׂר, בַּת, בָּתִּים, גְּבוּרָה, גְּלִידָה, גַּן, דְּבָרִים

9. Point the sentences in exercise 1.

10. Derive nouns from the following verbs:

ראה (2) , חשב (3) , פגש (6) , זכר (6) , דבר (9) , ספר (10) ,
בקש (16) , ישב (17) , נוח (17) , קבל (19).

LESSON 11

(grammar: Chapter 6)

Vocabulary

Even	אֲפִילוּ	To plant	נטע
To examine	בחן	Cake	עֻגָּה
To escape	ברח	Help	עֶזְרָה
High	גְבוֹהוֹת	Fruit trees	עֲצֵי פְּרִי
To worry	דאג	To laugh	צחק
This evening, the evening	הָעֶרֶב	To shout	צעק
		To run	רוץ
To be angry	כעס	To return	שׁוב
To touch	נגע	To send	שׁלח

Exercises

1. Translate into English:

1. נקרא את הספר הערב.
2. היא תאכל את העגה ואת הגלידה אחרי ארוחת הערב.
3. אנחנו נבחן את הכתות הגבוהות.
4. אם לא תסגר את הדלת בודאי יברח.
5. אבא ידאג לי אם לא אלך הַבַּיְתָה.
6. היא תכעס כְּשֶׁתשמע שלא הלכת לבית הספר.
7. נקח את הילדים לטיול ארך.
8. הם בודאי ירצו לשאל שאלות רבות.
9. אל תגע באכל לפני שיבוא אחיך מבית הספר.
10. אנחנו נטע עצי פרי בגן.
11. הן תסענה באוירון ואני אסע באניה.
12. נפתח לך את הדלת כאשר תחזר מן השוק.
13. אני בטוח שהם יצחקו עליו כאשר ישמעו מה קרה לו.
14. אפילו אם תצעק אף אחד לא יבוא לעזרתך.
15. אנחנו נגור בבית קטן לא רחוק מן העיר.
16. אשוב מחר אחרי הצהרים.
17. הם ישימו את האכל על השלחן.
18. אנחנו נקום מוקדם מחר ונלך לראות את ההורים.
19. נרוץ לחנות ונראה אם היא פתוחה.
20. מי ישלח לנו מכתבים?

2. Decline the following words:

סֵפֶר, עֻגָּה, גַּן, בַּיִת.

3. Write the first person singular future qal of the following verbs:

אכל, בחן, ברח, ישן, כעס, לקח, נגע, נטע, נסע, פתח, צחק,
צעק, רחץ, שאל, שלח, גור, קום, רוץ, שים, שוב.

4. Give the feminine of the following:

יִדְאַג (5), הָלַכְתָּ (6), יִרְצוּ (8), תִּגַּע (9), תַּחֲזֹר (12),
יִצְחֲקוּ (13), יִשְׁמְעוּ (13), תִּצְעַק (14), יָשִׂימוּ (17),
יִשְׁלַח (20).

5. Give the plural of the following:

תֹּאכַל (2), יִבְרַח (4), אֵלֵךְ (5), הָלַכְתָּ (6), אֶסַּע (11),
תַּחֲזֹר (12), תִּצְעַק (14), אָשׁוּב (16), פְּתוּחָה (19), יִשְׁלַח (20).

6. Give the singular of the following:

נִקְרָא (1), נִבְחַן (3), נִקַּח (7), יִרְצוּ (8), תִּסַּעְנָה (11),
נִפְתַּח (12), נָגוּר (15), יָשִׂימוּ (17), נָקוּם (18), נִרְאֶה (19).

7. Form sentences with the following:

סֵפֶר, דִּבֵּר, נֶפֶשׁ, הֵן, פֶּה, קָם, אָח, שִׁיר, שְׁנַיִם, זָקֵן, פָּתַח,
צַד, סָבִיב, עֶרֶב, יָם, פָּנָה, שָׂדֶה, סִפֵּר, עֲבוֹדָה, עַם.

8. Conjugate the following verbs in the future qal:

לקח, ידע, שמע, אכל, ירא, סבב, קנה, נתן, יצא, יכל

9. Point the sentences in exercise 1.

10. Give the construct form of the following:

דְּלָתוֹת, דֶּרֶךְ, הוֹרִים, הַרְצָאָה, זְכוּכִית, חִבּוּר, חֲבֵרִים, חָבֵר,
חַג, חָלָב.

LESSON 12

(grammar: Chapter 7)

Vocabulary

Soon	בְּקָרוֹב	Laziness	עַצְלוּת
To create	בָּרָא	Cot	עֲרִיסָה
To resemble	דמה	Wound	פֶּצַע
God	הי[1]	Prize	פְּרָס
Winter	חֹרֶף	Heavens	שָׁמַיִם
To wear	לבשׁ	Blankets	שְׂמִיכוֹת
Blows	מַכּוֹת	To hate	שׂנא
Trousers	מִכְנָסַיִם	Baby boy	תִּינוֹק
To sell	מכר	Baby girl	תִּינוֹקֶת
Coat	מְעִיל	To hang	תלה
Thick	עָבוֹת		

1. Abbreviated form of the tetragrammaton.

Exercises

1. Translate into English:

1. התינוק יבכה אם לא תתן לו לאכל.
2. בואו לראות אותי מחר בבקר.
3. הם ימכרו את תפוחי האדמה בזול.
4. הוא יפגש את המרצה מחר לפני הצהרים.
5. הי ברא את השמים ואת הארץ.
6. הפצע יכאב מאד אם לא תלך אל הרופא.
7. התינוקת תישן בעריסה ואנחנו נישן על המטה הגדולה.
8. קנה מעיל חרף בחדש הבא.
9. הבן דומה לאב והבת דומה לאם.
10. אל תתן מכות לילד הקטן.
11. סענה לתל אביב ברכבת שלפני הצהרים.
12. אהב את העבודה ושנא את העצלות.
13. הוא נכנס לחדר המורים ודבר עם המורה בעברית.
14. בחרף נקנה שמיכות עבות וחמות.
15. הוא ירצה לנוח אחרי נסיעה כל כך ארכה.
16. הדבר הזה יקרה בקרוב.
17. בבקשה לתלות את המכנסים בארון.
18. הוא קבל פרס כי הבטיח ללמד יפה.
19. יעשו כמיטב יכלתם לעזר לכם.
20. לבשו את החליפות החדשות ויצאו לראות את העיר.

2. Give the imperative qal of the following verbs:

בכה (1), נתן (1), מכר (3), פגש (4), ברא (5), הלך (6),
ישן (7), קנה (14), למד (18), עשה (19), יצא (20).

3. Give the past tense of the following:

יִבְכֶּה (1), תִּתֵּן (1), יִמְכְּרוּ (3), יִפְגֹּשׁ (4), תִּישַׁן (7),
דּוֹמֶה (9), נִקְנֶה (14), יִרְצֶה (15), יַעֲשׂוּ (19).

4. Give the feminine of the following:

יִבְכֶּה (1), בּוֹאוּ (2), יִמְכְּרוּ (3), יִפְגֹּשׁ (4), בָּרָא (5),
תֵּלֵךְ (6), קָנָה (8), אֱהַב (12), שְׂנָא (12), יַעֲשׂוּ (19).

5. Give the plural of the following:

יִבְכֶּה (1), תִּתֵּן (1), לוֹ (1), אוֹתִי (2), מַרְצֶה (4),
אֶרֶץ (5), מְעִיל (8), רַכֶּבֶת (11), אָרוֹן (17), עִיר (20).

6. Form sentences with the following and translate them into English:

עֵת, אֲדָמָה, אוֹר, קִבֵּל, אֹכֶל, אוּלַי, אֶפְשָׁר, חַג, אַל, נָפַל, צֹאן,
פִּתְאוֹם, שֻׁלְחָן, סוּס, שָׁלוֹם, נָא, אַחֲרֵי, נִכְנָס, אֱמֶת, אָרֹךְ.

7. Point the sentences in exercise 1.

8. Give the construct form of the following words:

חַלּוֹן, חֲלִיפָה, חֻלְצָה, חֲמִשָּׁה, חָנוּת, חַיִּים, טִיּוּל, יָד, יְהוּדִים,
יוֹם.

9. Decline the following words:

אֶרֶץ, מִטָּה, בֵּן, בַּת.

10. Conjugate the verbs נתן, יצא, אכל, בחר, in the qal.

LESSON 13
(grammar: Chapter 8)

Vocabulary

Meeting	אֲסֵפָה	Excellent	מְעֻלֶּה
Examination	בְּדִיקָה	To be prolonged	מֹשַׁךְ (נפעל)
To be examined	בדק (נפעל)	Trustworthy	נֶאֱמָן
To be frightened	בהל (נפעל)	Wise	נָבוֹן
Electors	בּוֹחֲרִים	River	נָהָר
To be built	בנה (נפעל)	Pleasant	נֶחְמָד
On behalf of	בְּעַד	Wonderful	נִפְלָא
Blood	דָּם	To be saved	נצל (נפעל)
To enjoy	הנה (נפעל)	Grandfather	סָבָא
Thanks to	הוֹדוֹת	Secret	סוֹד
To be careful	זהר (נפעל)	To rely	סמך
Care	טִפּוּל	To be punished	ענשׁ (נפעל)
To be born	ילד (נפעל)	Clever	פִּקֵּחַ
To be included	כלל (נפעל)	Official	פָּקִיד
To enter	כנס (נפעל)	North	צָפוֹן
To fight	לחם (נפעל)	Thunder	רַעַם
Wilderness	מִדְבָּר	To swear	שׁבע (נפעל)
Compelled	מֻכְרָח	Neighbourhood	שְׁכוּנָה
Homeland	מוֹלֶדֶת	Desolate	שָׁמֵם
Experts	מֻמְחִים	To keep	שׁמר
Candidates	מֻעֲמָדִים	To be poured	שׁפך (נפעל)
Death	מָוֶת	Station	תַּחֲנָה
Department	מַחְלָקָה		

Exercises

1. Translate into English:

1. אנחנו נשאר כאן ונשמר על הילדים.
2. הרבה דם נשפך במלחמה הזאת.
3. אתם צריכים להזהר כדי שלא תפלו בנהר.
4. המורה קבל מכתב נחמד מתלמידיו.
5. נשלחתי על ידי המחלקה לבחן את המועמדים.
6. כל המשפחה נולדה בצפון הארץ.
7. נצלתי ממות הודות לטפולו של אותו רופא נפלא.
8. הוא איש נבון ובודאי יעזר לחבריו.
9. נכללנו ברשימת הבוחרים כי גרנו בשכונה הזאת יותר משנתים.
10. האספה נמשכה למעלה משעתים ועל כן לא באתי לפגש אותך בתחנת הרכבת.

11. נהנינו מאד מן האכל ואנחנו חושבים לנסע עוד פעם לשם.
12. הוא פקיד נאמן ופקח ואפשר לסמך עליו.
13. התינוק הנולד יקרא כשם הסבא שלו.
14. עיר גדולה תבנה בקרוב במדבר השמם הזה.
15. נבהלנו כאשר שמענו את קול הרעם.
16. הוא מוכרח להשבע לנו שישמר את הסוד.
17. התלמיד יענש כי לא שמע בקול המורה.
18. החולים נבדקו בדיקה מעלה על ידי רופאים מומחים.
19. בבקשה להכנס אל החדר ולשבת בשקט.
20. הם מוכנים להלחם בעד ארצם ומולדתם.

2. Give the feminine of the following:

נִשְׁפַּךְ (2), תִּפְּלוּ (3), נָבוֹן (8), נוֹלָד (13), יִקָּרֵא (13),
יֵעָנֵשׁ (17), מוּכָנִים (20).

3. Give the plural of the following:

הַזֹּאת (2), נָהָר (3), נִשְׁלַחְתִּי (5), נוֹלְדָה (6), נִפְלָא (7),
אִישׁ (8), שְׁכוּנָה (9), נִמְשְׁכָה (10), נֶאֱמָן (12), עָלָיו (12).

4. Decline the following:

אַחִים, בָּנוֹת, מוֹרֶה, מוֹרָה.

5. Conjugate the verbs כתב ,ידע ,עשה in the niph'al.

6. Form sentences with the following words and translate them into English:

מְעַט, שָׁמַיִם, כּוֹחַ, דֶּלֶת, נָשָׂא, יָדִיד, תַּחַת, רָץ, שְׁלֹשָׁה, הַר, יַעַר,
מַהֵר, כָּה, בְּמֶשֶׁךְ, הַרְבֵּה, כֶּלֶב, מַעֲשֶׂה, אָמְנָם, כַּאֲשֶׁר, כִּמְעַט.

7. Give the construct form of the following words:

יַיִן, יְלָדִים, יָפֶה, כּוֹס, כִּיס, לֵב, לַיְלָה, מַחְבֶּרֶת, מִטָּה, מְכוֹנָה

8. Point the sentences in exercise 1.

9. Give the past tense of the following:

נִשְׁאַר (1), נִשְׁמֹר (1), תִּפְּלוּ (3), יֵעָזֵר (8), יִקָּרֵא (13),
תִּבָּנֶה (14), יֵעָנֵשׁ (17), יִשָּׁמֵר (16).

10. Give the future of the following:

נִשְׁפַּךְ (2), נִשְׁלַחְתִּי (5), נוֹלְדָה (6), נִצַּלְתִּי (7), נִכְלַלְנוּ (9),
גַּרְנוּ (9), נִמְשְׁכָה (10), בָּאתִי (10), נִבְהַלְנוּ (15), נִבְדְּקוּ (18).

LESSON 14

(grammar: Chapters 9, 14)

Vocabulary

Polite	אֲדִיבָה
To visit	בקר (פִּעֵל)
For	בִּשְׁבִיל
To cook	בשל (פִּעֵל)
To reveal	גלה (פִּעֵל)
Decision	הַחְלָטָה
To wait	חכה (פִּעֵל)
To search	חפש (פִּעֵל)
To take a walk	טיל (פִּעֵל)
Football	כַּדּוּר רֶגֶל, כַּדּוּרֶגֶל
Although	לַמְרוֹת
To teach	למד (פִּעֵל)
To hurry	מהר (פִּעֵל)
To play a musical instrument	נגן (פִּעֵל)
Landscape	נוֹף
To try	נסה (פִּעֵל)
To clean	נקה (פִּעֵל)
To arrange	סדר (פִּעֵל)
End	סוֹף
Final	סוֹפִית
More	עוֹד
To go up	עלה
Affairs	עִנְיָנִים
To smoke	עשן (פִּעֵל)
To clear	פנה (פִּעֵל)
Form	צוּרָה
To draw	ציר (פִּעֵל)
To ring	צלצל
Need	צֹרֶךְ
To accept, receive	קבל (פִּעֵל)
To hope	קוה (פִּעֵל)
Piece	קֶטַע
Summer	קַיִץ
To damage	קלקל
Hungry	רְעֵבִים
Conversation	שִׂיחָה
To play	שחק (פִּעֵל)
To pay	שלם (פִּעֵל)
Appetite	תֵּאָבוֹן
Repairs	תִּקּוּנִים
To translate	תרגם

Exercises

1. Translate into English:

1. הם למדו אותנו לדבר בצורה אדיבה.
2. לא יכלנו לחכות יותר כי הילדים היו רעבים.
3. הוא הבטיח לספר לנו ספור יפה אם נשב בשקט.
4. שחקנו כדור רגל ואחר כך יצאנו לטיל.
5. נשבענו שלא נגלה את השיחה הזאת.
6. יש לנו הרבה זמן ואין צרך למהר.
7. לא יכלנו לבקר אצלם כי הם גרים רחוק ממרכז העיר.
8. היא בשלה בשבילנו ארוחה טעימה ואכלנו אותה בתאבון רב.
9. חפשנו בכל מקום ולא מצאנו את הספר.
10. הוא למד לנגן בעיר מולדתו לפני שעלה לארץ ישראל.
11. לפני שנקבל החלטה סופית אנחנו צריכים לנסות עוד פעם.

12. שלמנו לה כדי לנקות את החדרים אבל היא לקחה את הכסף ולא עשתה את העבודה.
13. האם אתה יכול לסדר את כל העניינים לפני סוף החדש?
14. הוא מעשן הרבה למרות שהרופאים אמרו לו לא לעשן.
15. הוא אהב לציר את נופי הארץ.
16. צלצלנו אליו אתמול בערב אבל הוא לא היה בבית.
17. אנחנו מקוים לבקר בארץ ישראל בקיץ הבא.
18. הוא קלקל את המכונית ואיני יודע מי ישלם בעד התקונים.
19. אנחנו נתרגם את הקטע מאנגלית לעברית.
20. אמרה לי לפנות את החדר לפני סוף השבוע.

2. Give the imperative of the following:

לִמֵּד (1), חִכָּה (2), יָשַׁב (3), שִׂחֵק (4), נִשְׁבַּע (5), בִּשֵּׁל (8), אָכַל (8), מָצָא (9), לָקַח (12), צִלְצֵל (16).

3. Decline the following:

חַלּוֹן, שִׂמְחָה, כַּף, עַל.

4. Form sentences with the following and translate them into English:

פֹּה, אֵיזֶה, יְהוּדִי, שֶׁמֶשׁ, קָשֶׁה, בֹּקֶר, עָבַד, פֶּלֶא, קַל, גָּדַל, אֵלֶּה, קָפַץ, תָּמִיד, אֵיךְ, מֵת, רָחוֹק, כֶּסֶף, יַחַד, פֶּרַח, נִמְצָא.

5. Parse the following:

לְדַבֵּר (1), לְחַכּוֹת (2), נֵשֵׁב (3), נִשְׁבַּעְנוּ (5), גֵּרִים (7), מָצָאנוּ (9), נְקַבֵּל (11), לְנַקּוֹת (12), צִלְצַלְנוּ (16), נְתַרְגֵּם (19).

6. Conjugate the verbs דבר, גלה, בלבל in the piʿel and the verb עור in the pôlēl.

7. Point the sentences in exercise 1.

8. Give the construct form of the following words:

מַכָּה, מִכְנָסַיִם, מִכְתָּב, מִלָּה, עִיר, מִלְחָמָה, מֶמְשָׁלָה, מְנַהֵל, מְסִבָּה, מִסְעָדָה, מְעִיל.

9. Give the past of the following:

נֵשֵׁב (3), נְגַלֶּה (5), נְקַבֵּל (11), יְשַׁלֵּם (18), נְתַרְגֵּם (19).

10. Give the future of the following:

לִמְּדוּ (1), יָכֹלְנוּ (2), הָיוּ (2), נִשְׁבַּעְנוּ (5), יָצָאנוּ (4),
בִּשְּׁלָה (8), מָצָאנוּ (9), לִמֵּד (10), לָקְחָה (12), עָשְׂתָה (12).

LESSON 15

(grammar: Chapters 10, 14)

Vocabulary

Person	אָדָם	Crazy, lunatic	מְשֻׁגָּע
Responsibility	אַחֲרָיוּת	Dangerous	מְסֻכָּן
As soon as possible	בְּהֶקְדֵּם הָאֶפְשָׁרִי	Enough	מַסְפִּיק
Defence	בִּטָּחוֹן	Powers	מַעֲצָמוֹת
To confuse	בלבל	Magnificent	מְפֹאָר
Quickly	בִּמְהֵרָה	Famous	מְפֻרְסָם
People	בְּרִיּוֹת	Situation	מַצָּב
To be blessed	ברך (פֻּעַל)	Poet	מְשׁוֹרֵר
To go into exile	גלה	Position	מִשְׂרָה
To be driven out	גרשׁ (פֻּעַל)	Generous	נָדִיב
Couple	זוּג	Arms	נֶשֶׁק
To be armed	זין (פֻּעַל)	To refuse	סרב (פִּעֵל)
Modern	חָדִישׁ	Offender	עֲבַרְיָן
Debts	חוֹבוֹת	People, nation	עַם
Contract	חוֹזֶה	To be scattered	פזר (פֻּעַל)
Suspicious	חָשׁוּד	Army	צָבָא
Goodness	טוּב	To be ordered	צוה (פֻּעַל)
Stupid	טִפְּשִׁיִּים	To fulfil	קום (פִּעֵל)
Straight	יָשָׁר	Wide space	רַחַב
To respect	כבד (פִּעֵל)	To be pitied	רחם (פֻּעַל)
Studies	לִמּוּדִים	To be concentrated	רכז (פֻּעַל)
Late	מְאֻחָר	Minister	שַׂר
Efforts	מַאֲמַצִּים	Mistake	שְׁגִיאָה
States	מְדִינוֹת	To be freed	שחרר (פֻּעַל)
Praised	מְהֻלָּל	To be improved	שפר (פֻּעַל)
Honoured	מְכֻבָּד	World	תֵּבֵל
Hotel	מָלוֹן	Condition	תְּנַאי
Appointed	מְמֻנִּים	To be corrected	תקן (פֻּעַל)

Exercises

1. Translate into English:

1. דבר ביניהם לקים את תנאי החוזה.
2. הוא בא מאחר להרצאות והפריע לתלמידים האחרים.
3. אנחנו מקוים שכל אחד יעשה מאמצים כדי שהמצב ישפר במהרה.
4. המצב מסכן מאד ועלינו להזהר מכל אדם חשוד.
5. כל האחריות רכזה בידי ראש הממשלה ושר הבטחון.
6. עם ישראל פזר ברחבי תבל מאז גלה מארצו.

7. מדינות רבות זינו בנשק חדיש על ידי המעצמות הגדולות.
8. כל החובות שלמו ויש לנו מספיק כסף כדי לקנות דירה חדשה.
9. גרשה מן הבית כי סרבה לשמע בקול הממנים עליה.
10. איזהו מכבד? המכבד את הבריות.
11. השגיאה תתקן בהקדם האפשרי.
12. המשגע הזה בלבל לנו את הראש בספוריו הטפשיים.
13. הבית מלא מכל טוב ונתן במתנה לזוג הצעיר.
14. העבריין ירחם אם יקבל עליו ללכת בדרך הישרה.
15. יברך הבית הזה שבו גרים אנשים טובים ונדיבי לב.
16. גרנו במלון מפאר ואכלנו במסעדה הגדולה שבעיר.
17. צוינו לתת לך את כל מה שאתה מבקש.
18. שחררנו מן הצבא לפני חדש ואנחנו מקוים לחזר ללמודים בהקדם האפשרי.
19. המשורר המהלל והמפרסם הבטיח לבקר במחלקה.
20. אנחנו מענינים לקנות את המכונית אבל אין לנו מספיק כסף.

2. Parse the following:

דֻּבַּר (1), הִפְרִיעַ (2), מְקַוִּים (3), יֵעָשֶׂה (3), לְהִזָּהֵר (4),
רֻכְּזָה (5), גֻּלָּה (6), לִקְנוֹת (8), גֹּרְשָׁה (9), סֵרְבָה (9).

3. Decline the following:

בֵּין, יָד, עַם, שָׁלוֹם.

4. Form sentences with the following and translate them into English:

אַחֲרוֹן, רְחוֹב, אֶבֶן, אֵצֶל, גֶּשֶׁם, לָמַד, קָצָר, אֲפִילוּ, הִתְחִיל,
כְּלִי, שְׂפָתַיִם, נִסָּה, אָדוֹן, עַכְשָׁו, עִנְיָן, צָרִיךְ, מִלָּה, נִגַּשׁ, שָׁלַח,
יָמִין.

5. Give the pi'el of the following:

מְאֻחָר (2), מְסֻכָּן (4), רֻכְּזָה (5), שֻׁלְּמוּ (8), גֹּרְשָׁה (9),
תְּתֻקַּן (11), מְלֻאָה (13), יְרֻחַם (14), יְבֹרַךְ (15), צֻוִּינוּ (17).

6. Conjugate the verbs ברך, פזר in the pu'al and the verbs סבב, רום in the pôlal.

7. Point the sentences in exercise 1.

8. Give the construct form of the following words:

מָקוֹם, מְקוֹמוֹת, מְקָרֵר, מֶרְכָּז, מִשְׁפָּחָה, מִשְׂרָד, מַתָּנָה, נְדָבָה,
נָהָר, נוֹף.

9. Give the past of the following:

יַעֲשֶׂה (3), יְשַׁפֵּר (3), תְּתַקֵּן (11), יְרַחֵם (14), יְקַבֵּל (14),
יְבָרֵךְ (15).

10. Give the future of the following:

דַּבֵּר (1), בָּא (2), רַכְּזָה (5), פַּזֵּר (6), שַׁלְּמוּ (8), סֵרְבָה (9),
בִּלְבֵּל (12), מִלֵּא (13), נַתֵּן (13), גַּרְנוּ (16).

LESSON 16

(grammar: Chapters 11, 14)

Vocabulary

To fall in love	(התפעל)	אהב	To wake up	(התפולל)	עור
To overcome	(התפעל)	גבר	To resign	(התפעל)	פטר
To rob		גזל	To be surprised	(התפעל)	פלא
To shave oneself	(התפעל)	גלח	To pray	(התפעל)	פלל
Public opinion		דַּעַת הַקָּהָל	To justify oneself	(התפעל)	צדק
Beginning		הַתְחָלָה	Marks		צִיּוּנִים
To hurry oneself	(התפעל)	זרז	To be sorry	(התפעל)	צער
Weak		חַלָּשׁ	To be accepted	(התפעל)	קבל
Already		כְּבָר	To advance	(התפעל)	קדם
To consider	(התפעל)	חשב	Jar		קַנְקַן
To correspond	(התפעל)	כתב	Difficulties		קְשָׁיִים
Settlers		מִתְיַשְּׁבִים	To see one another	(התפעל)	ראה
To attack	(התפעל)	נפל	To accustom oneself	(התפעל)	רגל
To suffer		סבל	To wash oneself	(התפעל)	רחץ
To close oneself up	(התפעל)	סגר	To endeavour	(התפעל)	שׁדל
To look	(התפעל)	סכל	To stumble	(נפעל)	תקל

Exercises

1. Translate into English:

1. המתישבים הראשונים סבלו מאד בהתחלה אבל לְבַסוף התגברו על הקשיים.
2. הוא הבטיח להתכתב אתי אבל כבר שנה שלא קבלתי מכתב ממנו.
3. הסתגרה בחדרה ולא רצתה לדבר עם הוריה וחברותיה.
4. התרחצנו בבקר ואנחנו מקוים להתגלח לפני שנלך לישון.
5. אנחנו בטוחים שהם יתרגלו לחיים החדשים.
6. הוא התנפל על הילד החלש וגזל ממנו את כספו.
7. יש אנשים המתפללים שלש פעמים ביום.
8. אנחנו מקוים שבננו יתקבל כתלמיד בבית הספר הזה.
9. התפלאנו לשמע שאתה חושב להתפטר ממשרתך.
10. אין ספק שהוא יצטער אם תעזבו את העיר לפני שיראה אתכם.
11. האם נתראה לפני סוף שנת הלמודים?
12. אנחנו מתעוררים בכל בקר בשעה מוקדמת.
13. אל תסתכל בקנקן אלא במה שיש בו.
14. השתדלנו לעזר להם למרות כל הקשיים שנתקלנו בהם.
15. נסיתי להצטדק אבל הם לא נתנו לנו לדבר.
16. היא התאהבה בו ורצתה להיות אשתו.

17. אנחנו בודאי נתחשב בדעת הקהל.
18. התלבשי מהר כי איני יכול לחכות הרבה זמן.
19. אם לא נזדרז לא נוכל לראות את הסרט.
20. הם התקדמו יפה בלמודים ובודאי יקבלו ציונים גבוהים בבחינות.

2. Parse the following:

סָבְלוּ (1), הִתְגַּבְּרוּ (1), קִבַּלְתִּי (2), רָצְתָה (3), גֵּלֵךְ (4), בְּטוּחִים (5), הִתְפַּלֵּאנוּ (9), תֵּעָזְבוּ (10), מִתְעוֹרְרִים (12), נִזְדָּרֵז (19).

3. Decline the following:

אֵת, מִן, חֶדֶר, חֲבֵרָה.

4. Give the third person, masc., sing., past and future of the verbs ישב and כבד in the qal, niphʿal, piʿel, puʿal, and hithpaʿel.

5. Conjugate the verbs גבר and צדק in the hithpaʿel and the verbs עור and סבב in the hithpôlel.

6. Form sentences with the following words and translate them into English:

בֵּית סֵפֶר, שַׁבָּת, כְּפָר, נִשְׁאַר, קָרוֹב, לָבָן, זָהָב, שָׁחוֹר, אַחַר כָּךְ, רַע, אֹזֶן, חוּץ, מְדִינָה, מְלָאכָה, מַרְאֶה, שָׁכַב, דַּעַת, חָצֵר, מִסְפָּר, אָהַב.

7. Point the sentences in exercise 1.

8. Give the construct form of the following:

נְסִיעָה, בְּעָלִים, נָקִי, סוֹד, סְחוֹרָה, סִפּוּר, עֵגָה, עֵדִים, עוֹלִים, עֵינַיִם.

9. Give the past of the following:

גֵּלֵךְ (4), יִתְגַּלְּגְּלוּ (5), יִתְקַבֵּל (8), יִצְטַעֵר (10), תֵּעָזְבוּ (10), יֵרָאֶה (10), נִתְרָאֶה (11), תִּסְתַּכֵּל (13), נִתְחַשֵּׁב (17), נִזְדָּרֵז (19)

10. Give the future of the following:

סָבְלוּ (1), הִתְגַּבְּרוּ (1), קִבַּלְתִּי (2), הִסְתַּגְּרָה (3), רָצְתָה (3), הִתְרַחֲצְנוּ (4), הִתְנַפֵּל (6), הִתְפַּלֵּאנוּ (9), הִשְׁתַּדַּלְנוּ (14), נִסִּיתִי (15).

LESSON 17

(grammar: Chapter 12)

Vocabulary

To believe	אמן (הפעיל)
Clothes	בְּגָדִים
To bring	בוא (הפעיל)
To promise	בטח (הפעיל)
To understand	בין (הפעיל)
Factory	בֵּית חֲרֹשֶׁת
To become healthy	ברא (הפעיל)
Fateful	גוֹרָלִית
Promise	הַבְטָחָה
To attain merit	זכה
To remind	זכר (הפעיל)
To inform	ידע (הפעיל)
To do good	יטב (הפעיל)
To prove	יכח (הפעיל)
To bring out	יצא (הפעיל)
To bring down	ירד (הפעיל)
To prepare	כון (הפעיל)
Some	כַּמָּה
Quantities	כַּמֻּיּוֹת
To dress	לבש (הפעיל)
Understood	מוּבָן
Prices	מְחִירִים
To discover	מצא (הפעיל)
To continue	משך (הפעיל)
To arrive	נגע (הפעיל)
To lead	נהג (הפעיל)
To hit	נכה (הפעיל)
To cause to fall	נפל (הפעיל)
To save	נצל (הפעיל)
To manage	ספק (הפעיל)
Literature	סִפְרוּת
To awake	עור (הפעיל)
To dare	עזז (הפעיל)
Sunrise	עֲלוֹת הַשַּׁחַר
To succeed	צלח (הפעיל)
To lecture	רצה (הפעיל)
To permit	רשה (הפעיל)
To improve oneself	שפר (התפעל)
History	תּוֹלְדוֹת-
Inhabitant	תּוֹשָׁב
To begin	תחל (הפעיל)
Immediately	תֵּכֶף וּמִיָּד
Period	תְּקוּפָה
Medicine	תְּרוּפָה

Exercises

1. Translate into English:

1. הם יתחילו לעבד אחרי שיגמרו את ארוחת הבקר.
2. הזכרנו לו את הבטחתו והוא נשבע שימשיך לעזר לנו.
3. הם מאמינים שהמצב ישתפר ושיוכלו לחיות בשלום במדינה הזאת.
4. האם תכיני את האכל בשביל התינוק אם לא אספיק לחזור בזמן?
5. אם תורידו את המחירים אנחנו מבטיחים לכם שנקנה כמויות גדולות.
6. הודיעו לנו שאין צרך ללכת היום לעבודה.
7. הם רצו להיטיב עם כל תושבי השכונה אבל כמובן לא הצליחו.
8. הוכחנו להם שנסינו להציל את בנם ממות.

9. הם הפילו אותנו לארץ והכו אותנו קשה.
10. אני מבטיח לך שהרופאים ימציאו תרופה חדשה בקרוב.
11. הוא זכה להנהיג את העם בתקופה גורלית כזו.
12. אנחנו נביא לך את כל מה שאתה צריך.
13. אם יבריא נרשה לו לנסע עם חבריו.
14. הוצאתי את הבגדים מן הארון כי רציתי להלביש את הילדים.
15. בקשו ממנו להרצות על תולדות הספרות העברית החדשה.
16. הוא לא יעז לדבר עם הוריו בצורה כזאת.
17. בקשתי ממנו להעיר אותי לפני עלות השחר.
18. אני בטוח שהוא יגיע בעוד כמה רגעים.
19. אינני חושב שהוא יוכל להבין את הקטע הזה.
20. אם תצליחו בבחינות נתן לכם משרה חשובה בבית החרושת.

2. Parse the following:

נִשְׁבַּע (2), יַמְשִׁיךְ (2), יִשְׁתַּפֵּר (3), יוּכְלוּ (3), תּוֹרִידוּ (5),
נִקְנֶה (5), לְהֵיטִיב (7), הִכּוּ (9), נַרְשֶׁה (13), יָעֵז (16).

3. Decline the following:

אַחֲרֵי, מְדִינָה, בָּנִים, בְּגָדִים.

4. Give the feminine of the following:

יַתְחִילוּ (1), יִגְמְרוּ (1), יוּכְלוּ (3), תּוֹרִידוּ (5),
יַמְצִיאוּ (10), זָכָה (11), יַבְרִיא (13), יָעֵז (16), יַגִּיעַ (18),
תַּצְלִיחוּ (20).

5. Give the singular of the following:

יַתְחִילוּ (1), הִזְכַּרְנוּ (2), לָנוּ (2), מַאֲמִינִים (3),
כַּמּוּיוֹת (5), תּוֹשָׁבִים (7), הִפִּילוּ (9), הִכּוּ (9), נָבִיא (12),
רְגָעִים (18).

6. Conjugate the verbs אכל ,נפל and יצא in the hiphʿil.

7. Form sentences with the following and translate them into English:

גּוּף, מִטָּה, צָחַק, שָׁלֹשׁ, וַדַּאי, חִכָּה, נָסַע, אֶצְבַּע, אֲוִיר, מַשֶּׁהוּ,
קוֹף, שָׁתָה, דָּג, חוֹף, עָזַר, פְּרִי, הִנִּיחַ, חוֹם, לְבַד, מְעָרָה.

8. Point the sentences in exercise 1.

9. Give the past of the following:

יַתְחִיל (1), יִגְמְרוּ (1), יַמְשִׁיךְ (2), יִשְׁתַּפֵּר (3), יוּכְלוּ (3),
אַסְפִּיק (4), תּוֹרִידוּ (5), נִקְנֶה (5), יַמְצִיא (10),
יַבְרִיא (13).

10. Give the future of the following:

הִזְכַּרְנוּ (2), נִשְׁבַּע (2), הוֹדִיעוּ (6), רָצוּ (7), הִצְלִיחוּ (7),
הוֹכַחְנוּ (8), נִסִּינוּ (8), הִפִּילוּ (9), זָכָה (11),
הוֹצֵאתִי (14).

LESSON 18

(grammar: Chapter 13)

Vocabulary

To be lit	אור (הֻפעל)
Responsible	אַחֲרָאִי
To be brought	בוא (הֻפעל)
To be promised	בטח (הֻפעל)
Court	בֵּית מִשְׁפָּט
To be strengthened	גבר (הֻפעל)
Frankness	גִּלּוּי לֵב
To be acquitted	זכה (פֻּעַל)
To be invited	זמן (הֻפעל)
To be alerted	זעק (הֻפעל)
This	זוֹ
Laws	חֻקִּים
To suspect	חשד
To be imposed	טול (הֻפעל)
To be better	יטב (הֻפעל)
To advise	יעץ
To be brought out	יצא (הֻפעל)
To be brought down	ירד (הֻפעל)
To be ready	כון (הֻפעל)
Airplane	מָטוֹס
Immediately	מִיָּד
Pay, wages	מַשְׂכֹּוֹרֶת
Police	מִשְׁטָרָה
Tension	מְתִיחוּת
Subject	נוֹשֵׂא
To be brought down	נפל (הֻפעל)
To be permitted	נתר (הֻפעל)
Complicated	מְסֻבֶּכֶת
To be punished	ענשׁ (הֻפעל)
To solve	פתר
To roast	צלה
To be obliged	צרך (התפעל)
To be established	קום (הֻפעל)
Fine (n.)	קְנָס
To be friendly	רוע (התפולל)
Murderers	רוֹצְחִים
To happen	רחשׁ (התפעל)
To be permitted	רשה (הֻפעל)
Sleep	שֵׁנָה

Exercises

1. Translate into English:

1. אנחנו חושבים שהמתיחות תגבר בשבועות הבאים.
2. הוא הזמן על ידי ראש המחלקה להרצות על נושא ספרותי.
3. הכל הוכן בשביל האורחים אבל הם לא הגיעו.
4. המחירים הורדו כדי שהסחורה תמכר מהר.
5. הייתי חולה אבל עכשו הוטב לי.
6. הוא בחור מסכן ואני מיעץ לך לא להתרועע אתו.
7. המטוס הפל על ידי האויב.
8. הבטח לנו שנקבל משכורת יותר גבוהה במקום הזה.
9. הוא זכה ובכל זאת יש אנשים שעדין חושדים בו.
10. הוא הובא לבית המשפט והענש לפי חקי המדינה.
11. הצטרכנו לשלם בעד החליפה למרות שלא רצינו לקנות אותה.
12. האם ארשה לדבר אליך בגלוי לב?
13. הבגדים הוצאו מן הארון כדי להלביש את הילדים.
14. האולם לא היה מואר יפה ולא יכלנו לראות את כל מה שהתרחש.
15. הוטל עלי לשלם קנס גדול למרות שאיני אחראי למה שקרה.

16. בית מלון גדול ומפאר יוקם במקום הזה.
17. המשטרה הזעקה מיד אבל הרוצחים ברחו לפני שהגיעה.
18. מתר לעשן בחדר האכל אבל לא בחדרי השנה.
19. האם אתה אוכל בשר מבשל או בשר צלוי?
20. זו שאלה מסבכת מאד ואין אפשרות לפתר אותה תכף ומיד.

2. Parse the following:

תֻּגְבַּר (1), לְהֵרָצוֹת (2), הוּכַן (3), הִגִּיעוּ (3), הוּטַב (5),
מְיָעֵץ (6), לְהִתְרוֹעֵעַ (6), הוּבָא (10), אֲרֻשָּׁה (12), צָלוּי (19).

3. Give the feminine of the following:

הֻזְמַן (2), הוּא (2), הוּכַן (3), מְסֻכָּן (6), מְיָעֵץ (6),
הֻפַּל (7), זֻכָּה (9), הוּבָא (10), מוּאָר (14), יוּקַם (16).

4. Give the plural of the following:

תֻּגְבַּר (1), הֻזְמַן (2), נוֹשֵׂא (2), הוּכַן (3), תִּמָּכֵר (4),
מְיָעֵץ (6), מָטוֹס (7), הֻפַּל (7), זֻכָּה (9), אֵלֶיהָ (12).

5. Decline the following:

אָב, אָבוֹת, לֵב, אֵצֶל.

6. Conjugate the verbs גבר, ירד and כון in the hoph'al.

7. Point the sentences in exercise 1.

8. Form sentences with the following and translate them into English:

גַּב, צִפּוֹר, הַתְחָלָה, קָרָב, אִלּוּ, מֵאָה, שֵׁנִי, אֳנִיָּה, מַעֲלָה, שָׂפָה,
חַי, מַדּוּעַ, מִפְּנֵי, רָצוֹן, שָׁמַר, הִסְתַּכֵּל, מַבָּט, עֲדַיִן, קָרָה, גִּלָּה.

9. Give the past of the following:

תֻּגְבַּר (1), תִּמָּכֵר (4), נְקַבֵּל (8), אֲרֻשָּׁה (12), יוּקַם (16).

10. Give the future of the following:

הוּכַן (3), הִגִּיעוּ (3), הוּרְדוּ (4), הוּטַב (5), זֻכָּה (9),
הוּבָא (10), רָצִינוּ (11), הוּצְאוּ (13), יוּקַם (16).

LESSON 19

Exercises

1. Translate into English:

משלים.

אדון אחד אמר לעבדו: צא והבא לי דג מן השוק. יצא והביא לו דג מבאיש. אמר האדון אל העבד: או תאכל את הדג, או תלקה מאה מכות, או תתן מאה מנה. אמר העבד: הריני אוכל. התחיל לאכל. לא הספיק לגמר עד שאמר: הריני לוקה. לקה ששים. לא הספיק לגמר עד שאמר הריני נותן מאה מנה. נמצא אוכל את הדג ולוקה ונותן מאה מנה.

משל לאדם שיש לו שתי נשים. אחת צעירה ואחת זקנה. צעירה מלקטת לו לבנות וזקנה מלקטת לו שחורות. נמצא קרח מכאן ומכאן.

2. Conjugate the verb אמר in the qal, the verb יצא in the hiphʿil, and the verb מצא in the niphʿal.

3. Parse the following:

צֵא, הָבֵא, הֵבִיא, מַבְאִישׁ, תֹּאכַל, תִּלְקֶה, תִּתֵּן, הִסְפִּיק, נִמְצָא, מְלַקֶּטֶת.

4. Decline the following:

אָח, אָחוֹת, אֵם, שֵׁם.

5. Form sentences with the following and translate them into English:

כָּבוֹד, נָכוֹן, שְׁאֵלָה, בָּכָה, כֵּיצַד, לָבַשׁ, מִשְׁפָּחָה, יָשֵׁן, פִּלּוּם, כָּל כָּךְ, זָכַר, יַלְדָּה, גִּבָּה, הָפַךְ, מִלְחָמָה, קָנָה, תָּפַס, אָדֹם, גַּן, נָהָר.

6. Give the feminine of the following:

אָדוֹן, אֶחָד, עֶבֶד, צֵא, הָבֵא, תֹּאכַל, תִּלְקֶה, לָקָה, לוֹקֶה, נִמְצָא.

7. Give the plural of the following:

אָדוֹן, אֶחָד, אָמַר, עֶבֶד, צֵא, לִי, דָּג, שׁוּק, הֵבִיא, תֹּאכַל, תִּלְקֶה, מֵאָה.

8. Give the construct form of the following:

עְגָבָנִים, עֵץ, עֵצָה, פּוֹעֲלִים, פָּקִיד, פֵּרוֹת, צָבָא, צוּרָה, צִיּוּנִים, צָפוֹן.

9. Give the future of the following:

אָמַר, יָצָא, הֵבִיא, הִתְחִיל, הִסְפִּיק, נִמְצָא.

10. Point the passages in exercise 1.

LESSON 20

Exercises

1. Translate into English:

יצחק הוא בחור צעיר. הוא לומד בכתה האחרונה של בית ספר תיכון בתל-אביב. אך הלמודים אינם מעניינים אותו כל כך. הוא אוהב לשכב על חוף הים ולהשתזף. יום אחד צלצל יצחק לבית הספר והודיע למנהל שהוא חולה ואינו יכול ללכת לבית-הספר. הוא הוריד את שפופרת הטלפון ונסע לשפת הים. רצה הגורל ובאותו יום טבע מישהו בים. יצחק קפץ למים והציל את חיי הטובע. התמונה של הגבור הצעיר התפרסמה בכל העתונים. אחד העתונים נפל בידי המנהל. הוא גרש את יצחק מבית הספר למשך עשרה ימים. יצחק המשיך לשכב על שפת הים ולהשתזף.

2. Parse the following:

מְעַנְיְנִים, לִשְׁכַּב, לְהִשְׁתַּזֵּף, צִלְצֵל, הוֹדִיעַ, יָכוֹל, לָלֶכֶת, נָסַע,
הִצִּיל, הִתְפַּרְסְמָה, גֵּרֵשׁ, הִמְשִׁיךְ.

3. Conjugate the verb שזף in the hithpa'el, the verb שכב in the qal, and the verb גרש in the pi'el.

4. Decline the following:

אַיִן, תְּמוּנָה, עִתּוֹנִים, שֶׁל.

5. Give the future of the following:

לוֹמֵד, מְעַנְיְנִים, אוֹהֵב, צִלְצֵל, הוֹדִיעַ, יָכוֹל, הוֹרִיד, נָסַע,
רָצָה, טָבַע, קָפַץ, הִצִּיל, הִתְפַּרְסְמָה, נָפַל, גֵּרֵשׁ, הִמְשִׁיךְ.

6. Form sentences with the following and translate them into English:

גָּמַר, הִכִּיר, קְצָת, שָׁבוּעַ, בָּנָה, דַּי, עָזַר, פָּרַץ, הִגִּיד, חָזָק,
קָצֶה, גָּבֹהַּ, נָהַג, סֶלַע, שֶׁקֶט, לָמָּה, נֶעְלָם, עָנָף, צוּרָה, אוֹת.

7. Give the feminine of the following:

בָּחוּר, צָעִיר, תִּיכוֹן, אוֹתוֹ, הוֹדִיעַ, נָסַע, הִצִּיל, מְנַהֵל, עֲשָׂרָה,
הִמְשִׁיךְ.

8. Give the plural of the following:

כִּתָּה, אוֹהֵב, חוֹף, יָם, יוֹם, גִּבּוֹר, מְנַהֵל, הִצִּיל, יָכוֹל.

9. Give the construct form of the following:

בָּחוּר, כִּתָּה, לִמּוּדִים, שְׁפוֹפֶרֶת, מַיִם, תְּמוּנָה, עִתּוֹנִים, יָמִים.

10. Point the passage in exercise 1.

LESSON 21

Exercises

1. Translate into English:

כשהתחיל נוח נוטע בא שטן ועמד לפניו. אמר לו: מה אתה נוטע? אמר לו כרם. אמר לו השטן מה טיבו? אמר לו פרותיו מתקים בין לחים בין יבשים ועושים מהם יין המשמח לבבות. אמר לו השטן: רצונך שנטע אותו יחד אני ואתה? אמר לו כן. מה עשה השטן? הביא רחלה ושחט אותה על הגפן; אחר כך הביא אריה ושחט אותו עליה; אחר כך הביא קוף ושחט אותו עליה; אחר כך הביא חזיר ושחט אותו עליה. רמז לו, כשאדם שותה כוס אחת - הרי הוא כרחלה; ענו ושפל רוח. כשהוא שותה שתי כוסות - מיד נעשה גבור כארי ומתחיל לדבר גדולות, ואומר: מי כמוני? כיון ששתה שלש או ארבע כוסות - מיד הוא נעשה כקוף: עומד ומרקד ומשחק ומנבל פיו לפני הכול ואינו יודע מה יעשה. נשתכר - נעשה כחזיר: מתלכלך בטיט ומטל באשפה.

2. Parse the following:

הִתְחִיל, מְשַׂמֵּחַ, נִטַּע, נַעֲשָׂה, לְדַבֵּר, מְנַבֵּל, יֵעָשֶׂה, נִשְׁתַּכֵּר,
מִתְלַכְלֵךְ, מֻטָּל.

3. Conjugate the verbs עמד and נטע in the qal and the verb עשׂה in the niph'al.

4. Decline the following:

כֶּרֶם, רָצוֹן, כְּמוֹ, פֶּה.

5. Give the past and the future of the following:

נוֹטֵעַ, עוֹשִׂים, שׁוֹתֶה, נַעֲשֶׂה, מַתְחִיל, עוֹמֵד, מְרַקֵּד, יוֹדֵעַ,
מִתְלַכְלֵךְ, מֻטָּל.

6. Form sentences with the following and translate them into English:

מִשְׂחָק, בָּאָה, אוֹרֵחַ, עָנָן, צַעַד, רָחָב, שְׁאָר, שֶׁטַח, הִמְשִׁיךְ, שִׂיחָה,
בִּשְׁבִיל, לְפִי, מוּל, מָוֶת, צְחוֹק, אַרְמוֹן, כָּבֵד, לָחַשׁ, שַׂעַר, תְּחִלָּה.

7. Give the plural of the following:

לְפָנָיו, כֶּרֶם, יַיִן, עָשָׂה, רְחֵלָה, גֶּפֶן, אַרְיֵה, קוֹף, כּוֹס, אַשְׁפָּה.

8. Give the singular of the following:

פֵּרוֹת, מְתֻקִּים, לַחִים, יְבֵשִׁים, לְבָבוֹת, נִטַּע.

9. Give the construct form of the following:

דָּבָר, דְּבָרִים, צְדָקָה, אֲדָמָה, גָּלוּת, זְאֵב, כְּפָר, בְּהֵמָה, סֻכָּה, כַּלָּה.

10. Point the passage in exercise 1.

LESSON 22

Exercises

1. Translate into English:

קימים שני סוגים של מדריכי תירים. יש מדריכים מסמכים העסוקים בעקר בימי הקיץ ויש מדריכים בלתי מסמכים העוסקים בהדרכת תירים כשאין להם משהו אחר לעשות. קרה שאחד המדריכים הבלתי מסמכים הוביל קבוצה לסיור באתרים העתיקים של עיר חשובה במזרח התיכון. הם הגיעו לאתר קדום והמבקרים צלמו אותו מכל צדדיו. כשגמרו את הצלום רצו לשמע מפי המדריך דברי הסבר על תולדות המקום. המדריך הסביר באנגלית רצוצה ועלגת כי המבנה הוא שריד מהתקופה הביזנטית. אחד האורחים רצה לדעת משהו על התקופה הביזנטית. המדריך המסכן שלא היה לו מושג בהיסטוריה וארכיאולוגיה, ענה, אחרי הרהור קל, שהתקופה הביזנטית היא התקופה שבה אנשים עשו הרבה ״ביזנס״.

2. Parse the following:

מְסֻמָּכִים, לַעֲשׂוֹת, קָרָה, הוֹבִיל, הִגִּיעוּ, צִלְּמוּ, רָצוּ, לָדַעַת, מִבְנֶה, תּוֹלְדוֹת.

3. Conjugate the verb דרך in the hiph'il and hoph'al and the verb ענה in the qal, pi'el and hithpa'el.

4. Decline the following:

צַד, דְּבָרִים, אִשָּׁה, לִפְנֵי.

5. Give the future of the following:

עוֹסְקִים, מְסֻמָּכִים, קָרָה, הוֹבִיל, הִגִּיעוּ, צִלְּמוּ, גָּמְרוּ, רָצוּ, הִסְבִּיר, רָצָה, הָיָה, עָנָה, עָשׂוּ.

6. Form sentences with the following and translate them into English:

אֶצְבַּע, מִדָּה, דּוֹד, כָּנָף, כִּתָּה, שָׂמֵחַ, אֵשׁ, דֵּעָה, הֵבִין, יָקָר, כְּאִלּוּ, מַחֲנֶה, עֶזְרָה, עַל יְדֵי, אָחוֹת, אָסַף, אֲרוּחָה, חַיָּה, מִהֵר, הֵכִין.

7. Give the plural of the following:

קַיִץ, אַחֵר, קְבוּצָה, עִיר, חֲשׁוּבָה, קָדוּם, צִלּוּם, הֶסְבֵּר, מָקוֹם, קַל.

8. Give the feminine of the following:

שְׁנֵי, מַשֶּׁהוּ, אַחֵר, אוֹתוֹ, מַדְרִיךְ, רָצָה, מִסְכֵּן, עָנָה, קַל, אֲנָשִׁים.

9. Give the singular of the following:

סוּגִים, תַּבָּרִים, לָהֶם, הִגִּיעוּ, צִלְמוּ, צְדָדָיו, דִּבְרֵי, תּוֹלְדוֹת,
אוֹרְחִים, אֲנָשִׁים, עָשׂוּ.

10. Point the passage in exercise 1.

LESSON 23

Exercises

1. Translate into English:

אדם אחד היה לו פרדס נאה והיו בו פרות יפים. הושיב בו שני שומרים: אחד חגר ואחד סומא. אמר חגר לסומא: פרות יפים אני רואה בפרדס. בוא והרכב אותי על כתפיך ואקטוף מהם ונאכל. רכב חגר על גבו של סומא וקטפו מן הפרות. אחרי זמן מה בא בעל הפרדס לראות את פרדסו. אמר לשומרים: הפרות היפים היכן הם? אמר לו חגר כלום יש לי רגלים להלך בהן? אמר לו סומא: כלום יש לי עינים לראות? מה עשה בעל הפרדס? הרכיב חגר על גבי סומא ודן אותם כאחד.

סומא אחד היה מהלך בדרך בלילה ואבוקה בידו. אמרו לו: אבוקה זו למה לך? אמר להם: כל זמן שאבוקה בידי, בני אדם רואים אותי ומצילים אותי מן הסכנה.

2. Parse the following:

הוֹשִׁיב, הַרְכֵּב, אֶקְטֹף, נֹאכַל, לִרְאוֹת, לְהַלֵּךְ, הִרְכִּיב, דָּן, מַצִּילִים.

3. Give the future of the following:

הָיוּ, הוֹשִׁיב, אָמַר, רוֹאֶה, הִרְכִּיב, רָכַב, קָטְפוּ, בָּא, דָּן, מַצִּילִים.

4. Decline the following:

עַיִן, עֵינַיִם, פֵּרוֹת, רַגְלַיִם.

5. Conjugate the verb היה in the qal and the verb נצל in the niph'al, pi'el and hithpa'el.

6. Form sentences with the following and translate them into English:

נָטַל, עוֹר, גְּבֶרֶת, מַר, סַבְתָּא, עִקָּר, אַרְבַּע, דוֹמֶה, כִּפָּה, מַחֲשָׁבָה, זָכָה, כַּדּוּר, צַד, קְבוּצָה, תְּנוּעָה, דָּם, חָלָב, הוֹרִים, חֲצִי, כִּסֵּא.

7. Give the plural of the following:

בֶּן אָדָם, אֶחָד, פַּרְדֵּס, הוֹשִׁיב, אָמַר, זְמַן, בַּעַל, הִרְכִּיב, דָּן.

8. Give the feminine of the following:

אֶחָד, הָיָה, שְׁנֵי, חִגֵּר, הַרְכֵּב, בַּעַל, עָשָׂה, דָּן, אוֹתָם, מַצִּילִים.

9. Give the singular of the following:

פֵּרוֹת, יָפִים, כְּתֵפֶיךָ, נֹאמַר, הֵם, רַגְלַיִם, עֵינַיִם, אוֹתָם, לָהֶם,
רוֹאִים.

10. Point the passages in exercise 1.

LESSON 24

Exercises

1. Translate into English:

אשה אחת באה אל הרב ואמרה: יש לי צרה גדולה. בעלי אינו יודע לשחק בקלפים. זאת צרה? שאל הרב. הלואי על כל ישראל צרה שכזאת. אני חושב שזה דוקא טוב שבעלך אינו משחק בקלפים. אמרה האשה: אמרתי שהוא לא יודע לשחק ולא אמרתי שהוא לא משחק.

תלמיד כתב חבור ומסר אותו אל המורה. המורה שמח שאין הרבה שגיאות ואמר אל התלמיד: זה חבור טוב אבל יותר מדי קצר. מדוע אתה כותב כל כך מעט? ענה התלמיד: אם אכתב הרבה יהיו לי הרבה שגיאות ואגרם לך צער.

תלמיד חוזר מבית הספר ומוסר לאביו גליון ציונים. האב קורא: חשבון - לא מספיק; עברית - לא טוב; ספרות - חלש; זמרה - טוב מאד. האב מתרגז ונותן סטירת לחי לבנו. הבן שואל: אבא מדוע לא כעסת כשקראת שאני חלש במקצועות השונים וכשראית שקבלתי טוב מאד בזמרה נתת לי סטירת לחי? האב ענה: זה מכעיס ומדאיג אותי שאתה יכול לשיר כשציוניך הם כל כך רעים.

חנה מתפללת בקול רם: אנא, אבי שבשמים, שמע את תפלתי ושלח לי אופנים ליום הולדתי. אבא קורא לחנה ושואל אותה: למה את צועקת כל כך? האבא שבשמים יכול לשמע גם כאשר מתפללים אליו בלחש. ענתה חנה: אתה צודק אבא, זה נכון. אבל אני רוצה שגם האבא שעל הארץ ישמע את תפלתי.

אשה אחת הלכה לקונצרט. כשחזרה שאלה אותה שכנתה: מה שמעת בקונצרט? שמעתי שמשפחת כהן נוסעת לחוץ לארץ וגברת לוי רוצה להתגרש מבעלה. יותר לא יכלתי לשמע כי התזמרת התחילה לנגן.

2. Parse the following:

מְשַׂחֵק, מִתְרַגֵּז, רָאִיתָ, קִבַּלְתִּי, נָתַתָּ, לָשִׁיר, מִתְפַּלֶּלֶת, שְׁמַע, נָכוֹן, לְהִתְגָּרֵשׁ.

3. Give the future of the following:

אָמְרָה, יוֹדֵעַ, חוֹשֵׁב, אָמַרְתִּי, שָׂמַח, חוֹזֵר, מִתְרַגֵּז, נוֹתֵן, יָכוֹל, צוֹדֵק, הָלְכָה, נוֹסַעַת.

4. Decline the following:

כָּל, תְּפִלָּה, מִשְׁפָּחָה, מִקְצוֹעַ.

5. Conjugate the verb גדל in the qal, pi'el, pu'al, hithpa'el, hiph'il and hoph'al and the verb נתן in the qal and niph'al.

6. Form sentences with the following and translate them into English:

שֶׁלֶג, שֵׁן, אָחַז, חֹדֶשׁ, מְזֻחָד, נִפְלָא, צָבָא, צִוָּה, צֵל, לְאַט, מְכוֹנִית, צָפוֹן, שׁוּעָל, הֵרִים, זוּג, לָשׁוֹן, נַחַל, רָגִיל, בָּחוּר, בְּעַד.

7. Give the plural of the following:

אִשָּׁה, אַחַת, זֹאת, זֶה, צָרָה, חִבּוּר, קָצָר, בֵּית הַסֵּפֶר, חַלָּשׁ, לְחִי.

8. Give the feminine of the following:

רַב, קָצָר, אָב, קוֹרֵא, מַסְפִּיק, מִתְרַגֵּז, שְׁמַע, נָכוֹן.

9. Give the singular of the following:

קְלָפִים, שְׁגִיאוֹת, יִהְיוּ, צִיּוּנִים, מִקְצוֹעוֹת, שׁוֹנִים, רָעִים, מִתְפַּלְּלִים.

10. Point the passages in exercise 1.

LESSON 25

Exercises

1. Translate into English:

ארי טרף טרף ועמד עצם בגרונו. אמר: כל מי שיבוא ויוציא אותו אתן לו את שכרו. בא קורא מצרי שמַקורו ארך, נתן מקורו לתוך פיו והוציא את העצם. אמר לו: תן לי את שכרי. אמר לו הארי: לך והיה משתבח ואומר: נכנסתי לפי ארי בשלום ויצאתי בשלום - ואין לך שכר גדול מזה.

שועל היה מהלך על שפת הנהר; ראה דגים שהיו מתקבצים ורצים ממקום למקום. אמר להם: מפני מה אתם בורחים? אמרו לו: מפני הרשתות והמכמרות שמביאים עלינו בני אדם. אמר להם: רצונכם שתעלו ליבשה ונדור אני ואתם כדרך שדרו אבותי ואבותיכם? אמרו לו: אתה הוא, שאומרים עליך פקח שבחיות? אינך אלא טפש! ומה במקום חיותנו אנו מתיראים, במקום מיתתנו על אחת כמה וכמה?

2. Parse the following:

יוֹצִיא, תֵּן, לֵךְ, מִשְׁתַּבֵּחַ, נִכְנַסְתִּי, מִתְקַבְּצִים, רָצִים, מְבִיאִים, תַּעֲלוּ, נָדוּר, מִתְיָרְאִים.

3. Give the future of the following:

עָמַד, נָתַן, נִכְנַסְתִּי, יָצָאתִי, מִתְקַבְּצִים, רָצִים, מְבִיאִים, דָּרוּ, אָמְרוּ, מִתְיָרְאִים.

4. Decline the following:

שָׂכָר, פֶּה, שָׂפָה, מְקוֹמוֹת.

5. Conjugate the verb עמד in the qal and hiph'il and the verb ראה in the qal, niph'al, hiph'il and hithpa'el.

6. Form sentences with the following and translate them into English:

גֶּבֶר, הֶחֱלִיט, הִצִּיל, חָמֵשׁ, סָבָא, חִיּוּךְ, צִיּוּר, קִיר, אֶלֶף, הוֹפִיעַ, חֵלֶק, נָעִים, פָּרָה, רַק, שׁוּרָה, אֵזוֹר, בָּחַר, הֵיכָן, חָנוּת, כִּיס.

7. Give the plural of the following:

עֶצֶם, גָּרוֹן, אָרֹךְ, פֶּה, אֲרִי, שׁוּעָל, נָהָר, יַבָּשָׁה, טִפֵּשׁ, פִּקֵּחַ.

8. Give the feminine of the following:

יָבוֹא, יוֹצִיא, בָּא, מִצְרִי, אָרֹךְ, הוֹצִיא, תֵּן, אֲרִי, לֵךְ, מְהַלֵּךְ.

9. Give the singular of the following:

דָּגִים, הָיוּ, מִתְקַבְּצִים, רָצִים, בּוֹרְחִים, רְשָׁתוֹת, מִכְמֹרוֹת, תַּעֲלוּ,
נָדוּר, חַיּוֹת.

10. Point the passages in exercise 1.

LESSON 26

Exercises

1. Translate into English:

משה מונטיפיורי היה איש עשיר ונדבן ועשה הרבה למען עמו.
הוא נסע לארצות רבות כדי לעזר ליהודים ולחלץ אותם מצרו-
-תיהם. הוא השתדל לפני השלטונות להיטיב את מצב היהודים
אשר סבלו מגזרות קשות ומעלילות כוזבות. למרות שהנסיעות
באותם הימים לא היו קלות ולמרות שהיה זקן מפלג, לא חס על
עצמו ובקר שבע פעמים בארץ ישראל. הוא בקר בירושלים,
בצפת, בטבריה, ובחברון ודבר עם ראשי הקהלות ועם פשוטי
העם. הוא נתן כסף לצדקה ויעץ ליהודים להרחיב את מושבם
בירושלים ולצאת מחוץ לחומות העיר. הוא החליט לשפר את
חייהם של אנשי הישוב הישן גם בצורה וגם בתכן. הוא שכר
פועלים מילידי הארץ, הביא אדריכלים מחוץ לארץ וצוה לבנות
בנין גדול וטחנת רוח מחוץ לחומת העיר העתיקה. הבניה
נגמרה בשנת אלף שמנה מאות וששים. זאת היתה השכונה הראש-
-ונה שנבנתה מחוץ לחומות העיר וקראו לה "משכנות שאננים".
למרות שתנאי המגורים בבנין החדש היו יותר טובים מאשר
בתוך החומות, רק מעטים רצו לעבר לשם. יהודים פחדו ללון
מחוץ לחומות והעדיפו לחיות בתוך העיר העתיקה. מספרים
שמונטיפיורי הצטרך לשלם כסף לאנשים כדי שיבואו לגור
בשכונה החדשה. הוא רצה שהיהודים יעסקו במלאכת ידים,
להתישב על הקרקע ולההפך לבעלי מלאכה ולאכרים, במקום
לחיות על צדקה. על יד יפו, מונטיפיורי קנה פרדס גדול
וישב עליו יהודים. בירושלים, הוא בנה בתי ספר, בתי
מלאכה, בתי חולים ובתי מגורים לעניים. מונטיפיורי הגיע
לזקנה מפלגת. הוא חי למעלה ממאה שנה. שמו לא נשכח מלב
היהודים בגולה ובארץ ישראל. בירושלים הרבה שכונות קרואות
על שמו: ימין משה, קרית משה, אהל משה, ועוד...
באנגליה יש עוד בית מדרש למורים בשם "אהל משה ויהודית"
על שמו ועל שם אשתו שהיתה דומה לו במעשי צדקתה ונדיבות
לבה.

2. Parse the following:

הִשְׁתַּדֵּל, לְהֵיטִיב, חָס, לָצֵאת, לְשַׁפֵּר, נִגְמְרָה, רָצוּ, הִצְטָרֵךְ,
הִגִּיעַ, קְרוּאוֹת.

3. Decline the following:

עַם, עוֹד, מוֹשָׁב, שְׁכוּנָה.

4. Give the future of the following:

הִשְׁתַּדֵּל, חָס, בִּקֵּר, יָעַץ, הֵבִיא, פָּחֲדוּ, הִצְטָרֵךְ, הִגִּיעַ, נִשְׁכַּח, דּוֹמֶה.

5. Conjugate the verbs רצה and רוץ in the qal and the verb ספר in the pi'el and hithpa'el.

6. Form sentences with the following and translate them into English:

לִקְרַאת, מַמָּשׁ, מֶרְחָק, נֶגֶד, נַעֲרָה, סָמוּךְ, עֲגָלָה, צָעַק, רוֹפֵא, תְּפִלָּה, אַהֲבָה, בָּשָׂר, זָרַע, כַּעַס, מָזוֹן, מָחָר, צֶמַח, שָׂמַח, תּוֹרָה, אָחוֹר.

7. Give the plural of the following:

אִישׁ, עָשִׁיר, מַצָּב, זָקֵן, עַם, כֶּסֶף, עִיר, צוּרָה, תֹּכֶן, רוּחַ.

8. Give the singular of the following:

אֲרָצוֹת, צָרוֹתֵיהֶם, יָמִים, פְּעָמִים, קְהִלּוֹת, חוֹמוֹת, יַעַסְקוּ, יָדַיִם, שְׁכוּנוֹת, רַבָּנִים.

9. Give the feminine of the following:

עָשִׁיר, עָשָׂה, יְהוּדִים, זָקֵן, אֲנָשִׁים, פּוֹעֲלִים, חָדָשׁ, יַעַסְקוּ, הִגִּיעַ, נִשְׁכַּח.

10. Point the passage in exercise 1.

LESSON 27

Exercises

1. Translate into English:

נהוג לחלק את תולדותיה של הספרות העברית לחמש תקופות. התקופה הראשונה היא תקופת התנ"ך. רוב החוקרים חושבים, ובצדק, שתקופה זו כוללת את מיטב היצירה העברית. התנ"ך נחשב לספר הספרים לא רק בעיני היהודים אלא גם בעיני עמים רבים. התקופה השניה נמשכה כחמש מאות שנה וכוללת את היצירות, שמסבות שונות, לא נכללו בתנ"ך. יצירות אלה נקראות "ספרים חיצוניים". לתקופה זו שיכות גם הרבה מן המגלות שנתגלו במדבר יהודה בשנת 1948. בתקופה השלישית נוצרו המשנה והתלמוד. המשנה כתובה עברית אבל הלשון שונה מלשון המקרא באוצר מליה ובעקר במבנה המשפט. התלמוד הוא פרוש למשנה. קימים שני תלמודים, התלמוד הבבלי והתלמוד הירושלמי. לשון התלמודים היא ארמית ברבה. התקופה הרביעית היא תקופת ימי הבינים. בספרד המסלמית נוצרו יצירות בעלות ערך בכל שטחי התרבות והספרות. לאחר גרוש ספרד המשיכו היהודים ליצור בעברית, אבל היצירה היתה בעקר יצירה של ספרות דתית. רק באיטליה המשיכו היהודים לכתב ספרות יפה. מן המאה השמנה עשרה מתחילה התקופה החמשית - תקופת הספרות העברית החדשה הנמשכת עד ימינו אלה.

שועל אחד מצא כרם שהיה מסיג מכל פנותיו. היה שם נקב אחד. בקש להכנס בו ולא יכול. מה עשה? צם שלשה ימים עד שכחש ותש ונכנס באותו נקב, ואכל ושמן. בקש לצאת ולא יכול לעבר. חזר וצם שלשה ימים אחרים עד שכחש ותש וחזר למה שהיה ויצא. כשיצא הפך פניו ונסתכל בו. אמר: כרם, כרם! מה טוב אתה ומה טובים הפרות שבתוכך וכל מה שיש בך נאה ומשבח; ברם מה הנאה ממך? כשם שנכנסים לתוכך כך יוצאים.

2. Give the future of the following:

נֶחְשָׁב, נִמְשְׁכָה, נִקְרָאוֹת, נוֹצְרוּ, הִמְשִׁיכוּ, מַתְחִילָה, מָצָא, צָם, תַּשׁ, הָפַךְ, נִסְתַּכֵּל.

3. Parse the following:

נָהוּג, מֵיטָב, נִמְשְׁכָה, נִקְרָאוֹת, נוֹצְרוּ, הִמְשִׁיכוּ, מַתְחִילָה, מָצָא, צָם, תַּשׁ, הָפַךְ, נִסְתַּכֵּל.

4. Decline the following:

תּוֹלָדוֹת, לָשׁוֹן, יְצִירָה, סְפָרִים.

5. Conjugate the verb חשב in the qal, niphʿal, piʿel and hithpaʿel.

6. Form sentences with the following and translate them into English:

זָנָב, יָחִיד, בַּעַל, סְפִינָה, קַיִץ, רָכַב, גְּדִי, כִּיּוֹר, עַלִּיז, עָנִי,
עֲנָק, רָקַד, שִׁמֵּשׁ, גִּיל, חִפֵּשׂ, כּוֹכָב, לָכֵן, מִדַּי, מִקְרֶה, נוֹרָא.

7. Give the plural of the following:

תְּקוּפָה, רִאשׁוֹנָה, יְצִירָה, מִשְׁנָה, לָשׁוֹן, מִקְרָא, אוֹצָר,
מִבְנֶה, עֵרֶךְ.

8. Give the singular of the following:

נִקְרָאוֹת, מְגִלּוֹת, נוֹצְרוּ, פִּנּוֹת, הִמְשִׁיכוּ, אֲחֵרִים.

9. Give the feminine of the following:

רַבִּים, מָצָא, הָיָה, אֶחָד, בִּקֵּשׁ, צָם, תַּשׁ, יָצָא, נִכְנָסִים.

10. Point the passages in exercise 1.

LESSON 28

Exercises

1. Translate into English:

השפה העברית היא אחת השפות העתיקות ביותר בעולם אבל היא גם שפה חדשה. אמת היא ששפה מתה לא היתה העברית מעולם. יהודים בכל התקופות קראו וכתבו עברית ויצירות חשובות נוצרו בעברית, אבל עד לתחלת המאה העשרים שפת הדבור של רוב העם לא היתה עברית. העברית היתה לשון הספר, לשון הקדש. והנה התחיל העם להתעורר לאחר אלפַּיִם שנות גלות. באירופה נולדה התנועה הציונית. הרצל דבר על חזרה לארץ הישנה-חדשה. ואז קם אדם אחד, אליעזר בן יהודה שמו, ואמר: אין עם בלי שפה ואין שפה אלא השפה העברית. מיום שעלה לארץ נדר נדר לדבר עברית ורק עברית. רבים לעגו לו. בני משפחתו סבלו מאד. הם סבלו כי הוא הכריח אותם לדבר בשפה שלא ידעו ואם לא - לשתוק. בן יהודה לא ותר. האיש הפך לאגדה עוד בחייו. רבים התחברו אליו ודברו רק עברית. ולאט לאט הפכה העברית לשפה מדברת.

עוף אחד קנן על שפת הים. עלה הים והציף את קנו. מה עשה? התחיל נוטל מן הים בפיו ושופך ליבשה ונוטל עפר מן היבשה ומשליך לים. בא חברו ואמר לו: מה אתה עושה ומתיגע? אמר לו: איני זז מכאן עד שאני עושה ים יבשה ויבשה ים. אמר לו: שוטה שבעולם, סוף סוף כמה אתה יכול?

2. Parse the following:

נוֹצְרוּ, הַתְחָלַת, דִּבּוּר, מֵתָה, לְהִתְעוֹרֵר, תְּנוּעָה, מְדֻבֶּרֶת, קִנֵּן, הֵצִיף, זָז.

3. Give the future of the following:

הָיְתָה, נוֹצְרוּ, נוֹלְדָה, לָעֲגוּ, הָפַךְ, הֵצִיף, נוֹטֵל, זָז, יָכוֹל, עוֹשֶׂה.

4. Decline the following:

עוֹלָם, שָׁנִים, שֵׁמוֹת, תַּחַת.

5. Conjugate the verb קום in the qal, pi'el, hiph'il, hoph'al and hithpa'el.

6. Form sentences with the following and translate them into English:

נִמְשָׁךְ, עָיֵף, פָּחַד, בֵּרֵךְ, דָּמָה, חֲלוֹם, סוֹד, עָמֹק, עָסַק, צֹרֶךְ,
קוֹמָה, שֶׁבַע, בָּרַח, גַּלְגַּל, מָשַׁךְ, נֵר, צָהֳרַיִם, קָהָל, גִּבּוֹר, הָמוֹן.

7. Give the first person future qal of the following verbs:

כתב, כבד, עבר, חזק, בחר, שמע, אסף, אדם, אמר, ינק, ישב,
ידע, יצר, ירא, יצא, יכל, הלך.

8. Give the third person future niph'al of the following verbs:

שמר, עזב, שאל, שלח, ילד, נצל, כון, סבב, קרא, בנה.

9. Give the third person past pi'el of the following verbs:

למד, ברך, שלח, נצל, מלא, חכה, צלצל,

10. Point the passages in exercise 1.

LESSON 29

Exercises

1. Translate into English:

אין מי שחולק שהלשון העברית היא שפה חיה וכמו כל יצור חי היא נמצאת בתהליך תמידי של התפתחות. פושטת צורה ולובשת צורה. נוצרים בטויים חדשים, מלים ומטבעות לשון חדשים. משמעויות משתנות, מלים מתות ואחרות קמות לתחיה. אין ספק שתחביר לשון זמננו שונה בהחלט מתחביר לשון המקרא. מבנה המשפט דומה יותר ללשון אירופית מאשר ללשון העברית של התקופות הקודמות. תפקיד המדקדקים הוא ליצור דקדוק חדש ללשון ההוה. אין אנו מערערים על דקדוק לשון המקרא ואין כל ספק שהוא חשוב ויקר, אבל דקדוק זה מתאים ללשון המקרא ותו לא. שפת ימינו שונה מהלשונות שקדמו לה ואין לראות בשנויים אלה שגיאות כמו שעושים היום רוב המדקדקים. אחד העם כותב: כל הלשונות היפות והעשירות השולטות עתה בעולם, קבלו את צורתן האחרונה לא מידי מדקדקיהן וחוקריהן כי אם רק מידי השוגים בכל דור, אשר לא ידעו להזהר ונכשלו, בעל פה ובכתב, בעברות קלות וחמורות ביחס אל הדקדוק של זמנם.

עוף אחד היה חבוש בכלוב ובא עוף אחר ואמר לו: אשריך שמזונותיך מצויים לך. אמר לו: במזונותי אתה מסתכל ובמצוד-תי אי-אתה מסתכל?

2. Parse the following:

נִמְצֵאת, תַּהֲלִיךְ, תְּמִידִי, הִתְפַּשְּׁטוּת, מִשְׁתַּנּוֹת, בְּהֶחְלֵט, מִקְרָא, מְצוּיִים, מִסְתַּכֵּל, מְצוּדָתִי.

3. Give the future of the following:

נִמְצֵאת, פּוֹשֶׁטֶת, לוֹבֶשֶׁת, נוֹצְרִים, מִשְׁתַּנּוֹת, מֵתוֹת, קָמוֹת, מַתְאִים, קִבְּלוּ, נִכְשְׁלוּ.

4. Decline the following:

מִלָּה, מִשְׁפָּט, יָדַיִם.

5. Conjugate the verb חיה in the qal and pi'el.

6. Form sentences with the following and translate them into English:

יָרֹק, מַצָּב, קַיִץ, שֶׁמָּא, תַּלְמִיד, בֵּיצָה, הִשִּׂיג, חָתוּל, כּוֹבַע, עָצוּם, רֵיחַ, תָּלוּי, גַּל, זָר, חָכָם, חַם, יָשָׁן, עָצוּב, עֹשֶׁר, מוֹחַ.

7. Give the first person future qal of the following verbs:

נפל, נגשׁ, נהג, נסע, נתן, לקח, קום, בוא, בוש, שים, מדד,
סבב, קלל, קרא, חטא, נשא, בנה, עשה, היה.

8. Give the infinitive niphʿal of the following verbs:

כתב, אמר, שמע, ידע, ילד, נשק, בנה, עשה, כלל, נשא.

9. Give the plural of the following:

חַיָּה, חַי, תַּהֲלִיךְ, תְּמִידִי, הִתְפַּתְּחוּת, סָפֵק, יְצוּר, יָקָר, עוֹלָם,
פֶּה.

10. Point the passages in exercise 1.

LESSON 30

Exercises

1. Translate into English:

כיון שנברא הברזל התחילו האילנות מרתתים. אמר להם: מה לכם מרתתים? עץ מכם אל יכנס בי ואין אחד מכם נזוק.

בימי הבינים היתה ספרד הערבית אחת המדינות התרבותיות ביותר באירופה. בעלי השלטון גלו סובלנות דתית. החיים הכ-לכליים והרוחניים של היהודים היו טובים מאשר בכל מקום אחר בעולם. הם פתחו תרבות דתית וחילונית ענפה ועשירה. יצירתם כללה שירה והגות, חכמת הלשון וחכמת הטבע, מחקרים שונים ומגונים בכל שטחי היצירה הרוחנית. ענקי רוח חיו ופעלו והרימו את קרן עמם בעיני האוכלוסיה המקומית. רבים שמשו כשרים ויועצים בחצר המלוכה ושרתו את ארצם בתבונה ובמסירות נפש. אבל על כל גדלתם הם שמרו את דתם והיו נאמ-נים למסורת עמם. הם קימו את המצוות, קלות כחמורות. הם התגעגעו לציון ושירתם מלאה כליון נפש וכסופים לירושלים ולארץ ישראל. הם כאבו את כאב עמם והשתדלו בכל כוחם להעלות את קרן היהדות ואת קרן ישראל.

2. Parse the following:

נִזּוֹק, גִּלּוּ, סוֹבְלָנוּת, חִילוֹנִית, כָּלְלָה, הֵרִימוּ, שֵׁרְתוּ, נֶאֱמָנִים, הִתְגַּעְגְּעוּ, כָּאֲבוּ.

3. Give the future and infinitive construct of the following:

נִבְרָא, נִזּוֹק, גִּלּוּ, כָּלְלָה, הֵרִימוּ, שִׁמְּשׁוּ, הִתְגַּעְגְּעוּ, כָּאֲבוּ, קִיְּמוּ, הִשְׁתַּדְּלוּ.

4. Decline the following:

כְּאֵב, דָּת, יְצִירוֹת.

5. Conjugate the verbs כלל and סבב in the qal, hiph'il and hoph'al.

6. Form sentences with the following and translate them into English:

קַר, שָׁכֵן, שֵׂעָר, אֹרֶךְ, בִּנְיָן, הֶעֱלָה, כְּבִישׁ, לֶחֶם, מָתַי, עֵשֶׂב, שֵׁנָה, גֶּשֶׁר, דֹּב, דִּמְעָה, חוֹל, חַיָּל, מִכְתָּב, נוֹסַף, עִתּוֹן, צֶמַח.

7. Give the third person future hiph'il of the following verbs:

עבר, שאל, שמע, יטב, ידע, ירד, נפל, בוא, סבב, קלל, ברא, ענה, יצא.

8. Give the present hithpa'el of the following verbs:

זרז, סכל, צדק, הלך, שמש, חשב.

9. Give the plural of the following:

נִבְרָא, עֵץ, נִדּוֹק, שִׁלְטוֹן, תַּרְבּוּת, חָכְמָה, רוּחַ, קֶרֶן, חָצֵר, כּוֹחַ.

10. Point the passages in exercise 1.

PART II

GRAMMAR

CHAPTER 1

1. The alphabet

(see notes overleaf)

Printed Form	*Script Form*	*Name*		*Pronunciation*	*Trans-literation*
א	א	aleph	אָלֶף	silent	’
בּ	בּ	bet	בֵּית	b	b
ב	ב	vet	בֵית	v	b͜h
גּ	גּ	gimel	גִּימֶל	g	g
ג	ג		"	g	g͜h
דּ	דּ	dalet	דָּלֶת	d	d
ד	ד		"	d	d͜h
ה	ה	he	הֵא	h	h
ו	ו	vav	וָו	v	w
ז	ז	zayin	זַיִן	z	z
ח	ח	het	חֵית	kh[1]	ḥ
ט	ט	tet	טֵית	t	ṭ
י	י	yod	יוֹד	y	y
כּ	כּ	kaph	כַּף	k	k
כ	כ	khaph	כָף	kh[1]	k͜h
ך	ך	final khaph	כָף סוֹפִית	kh[1]	k͜h
ל	ל	lamed	לָמֶד	l	l
מ	מ	mem	מֵם	m	m
ם	ם	final mem	מֵם סוֹפִית	m	m
נ	נ	nun	נוּן	n	n
ן	ן	final nun	נוּן סוֹפִית	n	n
ס	ס	samekh	סָמֶךְ	s	s
ע	ע	ayin	עַיִן	silent	‘
פּ	פּ	pe	פֵּא	p	p
פ	פ	phe	פֵא	ph	p͜h
ף	ף	final phe	פֵא סוֹפִית	ph	p͜h
צ	צ	tsade	צָדֵי	ts	ṣ
ץ	ץ	final tsade	צָדֵי סוֹפִית	ts	ṣ
ק	ק	qoph	קוֹף	k	q
ר	ר	resh	רֵישׁ	r	r
שׁ	שׁ	shin	שִׁין	sh	s͜h
שׂ	שׂ	sin	שִׂין	s	ś
תּ	תּ	tav	תָּו	t	t
ת	ת		"	t	t͜h

1 The sound is the same as the ch in Scottish ‘loch’, German ‘Dach’.

NOTES

1. The pronunciation given in the above chart is that used by the majority of contemporary Hebrew speakers.
2. The chart shows that
   - (a)   א and ע are silent letters (but see note 5)
   - (b)   ב and ו are both pronounced as (v)
   - (c)   ח and כ are both pronounced like the ch in Scottish 'loch'
   - (d)   כ and ק are both pronounced as (k)
   - (e)   ס and שׂ are both pronounced as (s)
   - (f)   ט and ת are both pronounced as (t)
   - (g)   ג , ד and ת are pronounced as (g), (d), and (t) respectively (whether they have a dot or not; see section 6 below).
   - (h)   there are five final letters (ץ ,ף ,ן ,ם ,ך)
3. Hebrew, like most Semitic languages, is read and written from right to left.
4. The letter ה at the end of a word is silent, unless it has a dot. With a dot it is pronounced with a slight breathing, e.g. בָּהּ = bā-h. This dot is called mappīq = מַפִּיק (lit. bringing out).
5. א and ע were originally pronounced as gutturals (they are still so pronounced by Jews from Arabic-speaking countries) and have characteristics in common with other guttural letters. See below, section 7.

2. The vowels

Form	*Name*	*Pronunciation*		*Trans-literation*
		A. Long vowels		
◌ָ	long qamats	קָמַץ גָּדוֹל	(a) as in 'path'	ā
◌ֵ	tsere	צֵירֵי	(e) as in 'pet'or 'they'	ē
◌ִי	long ḥiriq	חִירִיק גָּדוֹל	(ee) as in 'feet'	ī
וֹ	full ḥolam	חוֹלָם מָלֵא	(o) as in 'shore'	ô
◌ֹ	defective ḥolam	חוֹלָם חָסֵר	(o) as in 'shore'	ō
וּ	shuruq	שׁוּרוּק	(oo) as in 'pool'	ū
		B. Short vowels		
◌ַ	pataḥ	פַּתָּח	(u) as in 'cut'	a
◌ֶ	segol	סֶגוֹל	(e) as in 'pet'	e
◌ִ	short ḥiriq	חִירִיק קָטָן	(i) as in 'big'	i
◌ָ	short qamats	קָמַץ קָטָן	(o) as in 'top'	o
◌ֻ	qubbuts	קִבּוּץ	(u) as in 'put'	u
		C. Semi-vowels		
◌ְ	sheva	שְׁוָא	(e) as in 'urgent'	ə
◌ֲ	sheva pataḥ	שְׁוָא פַּתָּח	(u) as in 'cut'	a̲
◌ֳ	sheva qamats	שְׁוָא קָמַץ	(o) as in 'top'	o̲
◌ֱ	sheva segol	שְׁוָא סֶגוֹל	(e) as in 'pet'	e̲

NOTES

1. (a) In the full ḥolam (וֹ) and shuruq (וּ), the letter vav serves purely as a carrier for a vowel point following a consonant. Thus בּוֹ bô, לוּ lū, the vav itself not being heard. All the other vowels are pronounced after the consonants under or over which they are written (except in the special case of certain gutturals to be described in section 7). Thus בֵּן bēn (a son), חֹם ḥōm (heat); וֶרֶד (a rose) is pronounced vĕred; עֹז (strength) is pronounced ōz, the ע being silent.

   (b) A dot over a letter ש can serve a dual purpose. Thus in the word שֹׂבַע (plenty), which is pronounced sōva, the one dot marks the letter sin and its vowel; in מֹשֶׁה Mōshĕh (Moses), the dot marks the letter shin as well as the vowel following the mem. But שֹׁ = shō, e.g. שֹׁד (robbery) is read shōd.

   (c) Tsere followed by an unvowelled yod (◌ֵי), transliterated ēy, is pronounced like the 'ey' in 'they'. Thus בֵּין = bēyn (between). Similarly ◌ַי = ay. But the unvowelled yod is not heard in the suffixes ◌ָיו , ◌ֶיהָ , ◌ֶיךָ , ◌ֶינָה. Thus יָדָיו (his hands) is pronounced yādāv, יָדֶיךָ (your hands) is pronounced yādĕkha.

2. The last three semi-vowels are known also as 'composite shevas' (in Hebrew חֲטָפִים = ḥᵃṭāphīm - sing. חֲטָף = ḥᵃṭāph), and are commonly used with the guttural letters. (See below, section 7.)
3. The division into 'long', 'short', and 'semi' is not applicable in Modern Hebrew. There is, for example, no appreciable quantitative difference between ◌ַ , ◌ָ and ◌ֲ. However, conventional terminology is used here in order not to confuse the student who might consult other grammar books.
4. Although vowels and other phonological marks are generally omitted from written and printed prose, it is nevertheless important to understand the principles of Hebrew vocalization. Consequently, the next ten sections should not be neglected by the student.

3. The sheva (shᵊwā'= שְׁוָא)

The sheva is either silent (נָח = nāḥ — resting), or vocal (נָע = nā' — moving), depending on its position in the word.
The sheva is vocal (i.e. pronounced like the 'e' in 'urgent'):

(1) at the beginning of a word, e.g. בְּלִי = bᵊlī (without).
(2) if it is the second of two consecutive shevas in the middle of a word, e.g. תִּכְתְּבוּ = tikhtᵊbhū (you will write).
(3) after a long vowel, e.g. שׁוֹמְרִים = shômᵊrīm (they keep).
(4) if the letter marked with the sheva has a dot inside it, e.g. שִׁבְּרוּ = shibbᵊrū (they broke). (However, if the letter marked with a sheva, or a sheva and a dot, is at the end of the word, the sheva is not vocal.)
(5) if it occurs under the first of two consecutive similar letters, e.g. הַלְלוּ = halᵊlū (praise).
(6) In all other cases the sheva is silent.

NOTES

1. There can never be two consecutive shevas at the beginning of a word.
2. The vocal sheva is still pronounced by some speakers like the 'e' in 'urgent', but an increasing number of speakers do not distinguish it from the silent sheva, especially at the beginning of a word and after a long vowel.

4. The syllable

Syllables are open or closed. An open syllable ends in a vowel and a closed syllable ends in a consonant. The word מִט/בָּח = miṭ/bāh (kitchen) consists of two closed syllables; in מֶ/לֶךְ = mē/lekh (king), on the other hand, an open syllable מֶ = me/ is followed by a closed syllable לֶךְ = lekh.

5. Long and short qamats

The vowel sign ָ is (ā) in an open syllable or in a syllable which is closed but stressed, e.g. בָּ/קָר = bā/qār (cattle). It is (o) in a closed syllable that is not stressed, e.g. חָכְ/מָה = ḥokh/māh (wisdom).

6. The dagesh (daghesh דָּגֵשׁ)

A dot placed in a letter is called dagesh.[1] There are two types of
dagesh — light (קַל = qal) and strong (חָזָק = ḥāzāq).
The light dagesh is placed in the letters ב , ג , ד , כ , פ , ת
(1) when they begin the clause.
(2) when they occur at the beginning of a word within the clause
    (provided the previous word ends in a closed syllable, or, if it
    ends in an open syllable, that the two words are not closely
    connected in sense).
(3) within the word after a closed syllable, e.g. תִּכְתְּבוּ = tiḵtᵊḇhū
    (you will write).

NOTE

The בגדכפת letters may have had a twofold pronunciation, a hard mute one
(b, g, d, k, p, t), and a soft spirant one (bh, gh, dh, kh, ph, th). The presence of
the light dagesh in these letters is interpreted to mean that the hard pronunciation
was required and the absence of the dagesh is interpreted to mean that the soft one
was required. In Modern Hebrew only three letters בכפ still have the twofold
pronunciation while the letters גדת are always pronounced hard whether they
have a dagesh or not. When ב , כ , פ occur at the beginning of the word, they
are generally pronounced by modern speakers as /b/, /k/, /p/, whether they have
a dagesh or not.

The strong dagesh is usually placed after the following short
unstressed vowels (־ַ, ־ֶ, ־ִ, ־ֻ), e.g. עֻגָּה = 'uggāh (cake);
שִׁבְּרוּ = shibbᵊrū (they broke); נַגָּר = naggār (carpenter);
שֶׁלִּי = shellī (my, mine).
For a variety of reasons a strong dagesh occurs sometimes after a
long stressed vowel, e.g. הֵמָּה = hēmmāh (they); לָמָּה = lāmmāh (why);
שָׁמָּה = shāmmāh (there); תָּסֹבּוּ = tāsōbbū (you will go round).

NOTE

The strong dagesh often indicates that a letter has been omitted from a word,
e.g. the word בַּתִּי = bittī (my daughter) was originally בַּנְתִּי = bintī. However,
the נ was omitted and the strong dagesh in the ת indicates the omission.
The strong dagesh is represented in transliteration by the duplication of
the letter in which it occurs.

1 A dot in the letter ה is called mappiq and has a different function (see section 1, note 4).

7. *The guttural letters*

The guttural letters (ע ,ח ,ה ,א) have special characteristics.

(1) They do not take a dagesh. Instead, the letter preceding them takes, usually, a long vowel instead of a short one. Compare, for example, דִּבַּ֫רְתִּי = dibbartī (I spoke) with בֵּאַ֫רְתִּי = bē'artī (I explained). In the first word the second letter has a strong dagesh because it occurs after a short unaccented vowel. In the second word the dagesh is omitted because the א is a guttural. The ḥiriq in דּ is lengthened to tsere in בּ in order to compensate for the omission of the dagesh.

(2) The gutturals take, usually, a composite sheva (see above, section 2) instead of a vocal sheva. Compare שׁוֹמְרִים = shômᵊrīm (they keep) with שׁוֹאֲלִים = shô'ᵃlīm (they ask).

(3) The gutturals ע ,ח ,ה (but not א) take a patah at the end of a word after a long vowel (except qamats), e.g. רוּחַ = rūaḥ (wind, spirit); לִשְׁמֹעַ = lishmōa' (to hear). This patah is known as furtive patah. It is placed under the guttural but pronounced before it. Thus rūaḥ and not rūḥa.[1]

(4) The gutturals usually prefer the vowel patah under them and before them. Compare שׁוֹמַ֫עַת = shôma'ath (she hears) with כֹּותֶ֫בֶת = kôthebbheth (she writes).

(5) The ר, like the gutturals, does not take a dagesh.

---

[1] This patah as well as the other vowel adjustments seems to have evolved in order to ensure that the gutturals, whose sounds are rather hard to reproduce, were not neglected in pronunciation. Of the four gutturals the א and the ע are the weakest and as a consequence rules 1 and 2 apply to them almost always. ה and ח are, on the other hand, strong gutturals and consequently, these rules are less rigidly and less consistently applied to them. (See below, section 9.)

8. The stress

Most Hebrew words have their main stress on the last syllable — מִלְּרַע = milᵊraʻ (below), e.g. מִטְ/בָּח = miṭbāḥ (kitchen); but there are words that are stressed on the penultimate syllable — מִלְּעֵיל = milᵊʻēl (above).

Segolate nouns, for example, (i.e. nouns having the vowel pattern –ֶ–ֶ and variations), e.g. מֶלֶךְ = melekh (king); סֵפֶר = sēpher (book); קֹדֶשׁ = qōdesh (holiness); נַעַר = naʻar (lad); מֵצַח = mēṣaḥ (forehead); פֶּרַח = peraḥ (flower); זֹהַר = zōhar (splendour), are stressed milᵊʻel. (See section 7 (4) above and chapter 18 D below.)

The main stress never occurs on the antepenultimate. Consequently, a word that has three syllables is either stressed milᵊʻel, e.g. שָׁמַרְתָּ = shāmartā (you kept), or given a secondary stress[1] on the first syllable, e.g. הָאָדָם = hā'ādhām (the man), or, in many cases, has the vowel of its first syllable, if it is open, reduced to a sheva, e.g. שְׁמַרְתֶּם = shᵊmartem (you kept) for שָׁמַרְתֶּם = shāmartem. Consequently, many words when enlarged from two syllables to three because of the addition of a suffix such as the feminine or the plural suffix (see chapter 15 below), have their first syllable reduced to a sheva, e.g. m.s. גָּדוֹל = gādhôl (big), f.s. גְּדוֹלָה = gᵊdôlāh. (In the case of a guttural, the first syllable is modified to a ḥᵃṭāph instead of a sheva, e.g. עֲבַדְתֶּם = ʻᵃbhadhtem (you worked) for עָבַדְתֶּם ʻābhadhtem. (See section 7 above.)

This reduction of vowel is also found in the sᵊmikhuth (see chapter 17) and in the declension of nouns (see chapter 18). It should be noted, however, that there are vowels, known as pure long vowels, that are never reduced, e.g. the ô in כּוֹ/כָ/בִים = kôkhābhīm (stars).

1 This secondary stress is represented in the printed texts of the Bible by a short vertical line placed at the left of the vowel and is known as מֶתֶג = methegh (bridle).

9. The definite article (ה׳ הַיְּדִיעָה)

An inseparable ה is placed before words to make them definite, e.g. מֶלֶךְ = melekh (a king); הַמֶּלֶךְ = hammelekh (the king).

The vowel of the ה is usually pataḥ (ַ) but in certain conditions it is qamats (ָ) or segol (ֶ). Thus:

(1) Before all letters (excepting the gutturals and ר), it is vowelled with a pataḥ and a strong dagesh is inserted in the first letter of the word, e.g. הַמֶּלֶךְ = hammelekh (the king). (See section 6.)

(2) Before the hard gutturals ה and ח (see above, section 7, footnote), the definite article takes a pataḥ, but the ה and ח which begin the word do not take a dagesh, e.g. הַהוֹרִים = hahôrīm (the parents) הַחֹדֶשׁ = haḥôdesh (the month).

(3) Before א, ע (except as at (4) below), ר, and stressed הָ the definite article takes a qamats, e.g. הָאִישׁ = hā'īsh (the man); הָעֵטִים = hā'ēṭīm (the pens); הָרְחוֹב = hārᵊḥôbh (the street); הָעָב = hā'ābh (the cloud); הָהָר = hāhār (the mountain).

(4) When initial הָ and עָ are not stressed, the definite article takes a segol, e.g. הֶעָבִים = he'ābhīm (the clouds); הֶהָרִים = hehārīm (the mountains).

(5) Before חָ and חֳ the definite article is pointed with a segol, e.g. הֶחָלָב = heḥālābh (the milk); הֶחֳדָשִׁים = heḥᵒdhāshīm (the months).

10. The inseparable prepositions

There are four inseparable prepositions: ב (in), כ (like), ל (to), and מ (from). (For separate prepositions see chapter 19.)

The vowel of the ב, כ, ל, מ letters varies. Thus:

(1) The ב, כ, ל are usually pointed with a sheva, e.g. בְּחֶדֶר = bᵊḥedher (in a room); כְּחֶדֶר = kᵊḥedher (like a room); לְחֶדֶר = lᵊḥedher (to a room).

(2) Before a sheva the ב, כ, ל take a ḥiriq instead of a sheva because two shevas do not occur together at the beginning of a word, e.g. בִּמְדִינָה = bimdhīnāh (in a state); כִּמְדִינָה = kimdhīnāh (like a state); לִמְדִינָה = limdhīnāh (to a state).[1]

[1] The vowel that replaces the initial vocal sheva is known as a light vowel (תְּנוּעָה קַלָּה = tᵊnū'āh qallāh) and the sheva that follows the light vowel is known as a medium sheva (שְׁוָא בֵּינוֹנִי = sheva bēynônī), i.e. a position between the vocal and the silent. Thus in the word בִּמְדִינָה, the ḥiriq under the ב is a light vowel and the sheva under the מ is a medium sheva. But the ד does not take a light dagesh as would have been the case had the sheva preceding it been considered a silent sheva and closed the syllable. However when the inseparable preposition ל is prefixed to the infinitive, then the בגדכפת letters take a light dagesh, e.g. לִכְתֹּב = likhtōbh (to write). (See chapter 3, section 4, note 3.)

(3) Before a guttural letter with a ḥ^{a}ṭāph, they take the distinctive vowel of the ḥ^{a}ṭāph, e.g. בַּעֲבוֹדָה = ba‘^{a}bhôdhāh (in work); כַּעֲבוֹדָה = ka‘^{a}bhôdhāh (like work); לַעֲבוֹדָה = la‘^{a}bhôdhāh (to work). (See section 7 above.)

(4) Before a stressed syllable they often take a qamats, e.g. לָקוּם = lāqūm (to rise) לָשֶׁבֶת = lāshebheth (to sit).

(5) The מ (which is abbreviated from מִן) is usually pointed with a ḥiriq and a strong dagesh is inserted in the following letter to compensate for the omission of the ן e.g. מִתּוֹךְ = mittôkh (from the midst of), instead of מִנְתּוֹךְ = mintôkh. (See section 6 above.)

(6) If the inseparable preposition מ is attached to a word whose first letter is a guttural, the dagesh is not inserted and the ḥiriq is lengthened to a tsere, e.g. מֵאָב = mē’ābh (from a father). (See section 7 above.)

(7) When the ב, כ, ל, מ prepositions are prefixed to a word whose first letter is a yod marked with a sheva, they take ḥiriq and the sheva of the yod is omitted, e.g. יְרוּשָׁלַיִם = y^{ə}rūshālayim (Jerusalem) but בִּירוּשָׁלַיִם = bīrūshālayim (in Jerusalem).

(8) If one of the ב, כ, ל prepositions is prefixed to a definite article the ה of the definite article is omitted and its vowel is transferred to the inseparable preposition, e.g. דִּירָה = dīrāh (flat); הַדִּירָה = haddīrāh (the flat); בַּדִּירָה = baddīrāh (in the flat) and not בְּהַדִּירָה.

11. The conjunction ו *(and)*

The conjunction ו is pointed usually with a sheva, e.g. שְׁלֹמֹה וְדָוִד (Solomon and David). Before the labial letters בּ, ו, מ, פ and before a sheva, the ו takes a shuruq, e.g. דָּוִד וּמֹשֶׁה (David and Moses); דָּוִד וּשְׁלֹמֹה (David and Solomon). Before a ḥ^{a}ṭāph it takes the distinctive vowel of the ḥ^{a}ṭāph, e.g. סוּס וַחֲמוֹר = sūs waḥ^{a}môr (a horse and a donkey). Before a yod marked with a sheva, it takes a ḥiriq and the sheva of the yod is omitted, e.g. חֶבְרוֹן וִירוּשָׁלַיִם = ḥebhrôn wīrūshālayim (Hebron and Jerusalem). (See section 10 (7).) Before a stressed syllable in certain phrases it sometimes takes a qamats, e.g. עֶרֶב וָבֹקֶר = ʿerebh wābhōqer (morning and evening).

12. The interrogative ה

Questions are introduced by prefixing ה to the first word of the sentence.

The vowel of the interrogative ה varies:

(1) Ordinarily, it takes a ḥ^{a}ṭāph pataḥ, e.g. הֲיֵשׁ לְךָ סֵפֶר? h^{a}yēsh l^{ə}khā sēpher (do you have a book?).

(2) Before the gutturals and the sheva it takes a pataḥ, e.g. הַאַתָּה מֹשֶׁה? = ha'attāh mōsheh (are you Moses?); הַשְּׁלוֹשָׁה הֵמָּה? = hash^{ə}lôshāh hēmmāh (are they three?).

(3) Before א, ה, ח, ע it takes a segol, e.g. הֶעָצוּם הוּא? he'āṣūm hū' (is he mighty?); הֶחָכָם הוּא? = heḥākhām hū' (is he wise?).

(4) In Modern Hebrew, the interrogative ה is not used frequently. Questions are commonly introduced by the particle הַאִם = ha'im (combination of הַ and אִם), e.g. הַאִם אַתָּה רוֹצֶה לֶאֱכוֹל? = ha'im attāh rôṣeh le'^{e}khôl (do you want to eat?).

(5) In conversation הַאִם and ה are often omitted and the question is indicated by the tone of the voice.

CHAPTER 2

The pronouns

(1) *The personal pronouns*

	Fem.	Com.	Masc.
		SINGULAR	
I		אֲנִי (אָנֹכִי)	
you	אַתְּ		אַתָּה
he, she	הִיא		הוּא
		PLURAL	
we		אֲנַחְנוּ	
you	אַתֶּן		אַתֶּם
they	הֵן		הֵם

(2) *The demonstrative pronouns*

	Fem.	Com.	Masc.
this	זֹאת (זוֹ), הַזֹּאת		זֶה, הַזֶּה
these		אֵלֶּה (אֵלּוּ), הָאֵלֶּה	
that	הַהִיא		הַהוּא
those	הָהֵן		הָהֵם

(3) *The relative pronouns*

אֲשֶׁר and שֶׁ express the relative pronouns 'that', 'which', 'who' and 'whom'. Very often אֲשֶׁר and שֶׁ are interchangeable, e.g. הַסֵּפֶר אֲשֶׁר קָנִיתִי = הַסֵּפֶר שֶׁקָּנִיתִי (the book which I have bought). But when שֶׁ is used as a conjunction, e.g. טוֹב שֶׁבָּאתָ (it is good that you came), it cannot be interchanged with אֲשֶׁר.

(4) *The possessive pronouns*

	Fem.	Com.	Masc.
		SINGULAR	
my or mine		שֶׁלִּי	
your or yours	שֶׁלָּךְ		שֶׁלְּךָ
his, hers	שֶׁלָּהּ		שֶׁלּוֹ
		PLURAL	
our or ours		שֶׁלָּנוּ	
your or yours	שֶׁלָּכֶן		שֶׁלָּכֶם
their or theirs	שֶׁלָּהֶן		שֶׁלָּהֶם

The above are a combination of the relative שֶׁ and the preposition ל forming the particle שֶׁל (meaning: 'of'), + the pronominal suffixes. (See chapter 18.)

CHAPTER 3

1. *The Hebrew word*

In Hebrew it is important to distinguish between the root letters (אוֹתִיּוֹת הַשֹּׁרֶשׁ), the letters of pattern (אוֹתִיּוֹת הַמִּשְׁקָל), and the auxiliary letters (אוֹתִיּוֹת הַשִּׁמּוּשׁ).
The root letters express the central idea of the word without reference to person, gender, number, tense, mood, etc.; the letters of pattern are used to form various parts of speech of particular types; and the auxiliary letters give information regarding person, gender, etc. The word מִכְתָּבִי (my letter), for example, contains the three root letters כתב, the pattern letter מ , and an auxiliary letter י.
The basic idea of a Hebrew word is frequently indicated by a verbal root. Most verbs are triliteral, i.e. their roots contain three letters. Some, however, contain four or even five letters. The student should always try to find the root letters of the word he is studying. This is particularly important with the verb.

2. *The root of the verb*

The word for verb in Hebrew is פֹּעַל. Consequently, the root letters of the verb are designated as follows: The first letter is called פ׳ הַפֹּעַל ; the second is called ע׳ הַפֹּעַל ; and the third is called ל׳ הַפֹּעַל , e.g. in כתב, כ is the פ׳ הַפֹּעַל ; ת is the ע׳ הַפֹּעַל and ב is the ל׳ הַפֹּעַל . בנה has ב as its פ׳ הַפֹּעַל ; נ as its ע׳ הַפֹּעַל ; and ה as its ל׳ הַפֹּעַל .
The following are the various types of roots found in Hebrew:

1a) שְׁלֵמִים : Verbs whose radicals occur in all tenses, e.g. כתב (to write).

b) פ guttural : Verbs whose first radical is a guttural, e.g. עבד (to work).

c) ע guttural : Verbs whose second radical is a guttural, e.g. בחר (to choose).

d) ל guttural : Verbs whose third radical is a guttural, e.g. שמע (to hear).

2a) פ״א : Verbs whose first radical is an א , e.g. אסף (to gather).

b) נָחֵי פ״א : Verbs whose first radical is an א that appears as an unvowelled letter in the future, e.g. אכל (to eat).

3. נָחֵי פ״י : Verbs whose first radical is a י that appears as a silent letter in the future, e.g. ינק (to suck).

4. חַסְרֵי פ״י : Verbs whose first radical י is missing in the future, e.g. ישב (to sit).

5. פ״נ : Verbs whose first radical is a נ , e.g. נפל (to fall).

6.	ע"ו	: Verbs whose second radical is a ו, e.g. קום (to rise).
7.	ע"י	: Verbs whose second radical is a י, e.g. שׂים (to put).
8.	ע"ע	: Verbs whose last two radicals are the same, e.g. סבב (to go round).
9.	ל"א	: Verbs whose third radical is an א, e.g. קרא (to read, to call).
10.	ל"ה	: Verbs whose third radical is a ה, e.g. בנה (to build).

3. *The patterns of the regular verbs* (בִּנְיָנִים)

Hebrew words are conjugated according to seven different patterns called binyānīm (lit. buildings).

Taking the root פעל[1] as a prototype we obtain:

1.	פָּעַל	(or קַל)	simple active
2.	נִפְעַל		passive
3.	פִּעֵל		intensive active or causative active
4.	פֻּעַל		intensive passive
5.	הִפְעִיל		causative active
6.	הָפְעַל	(הֻפְעַל, הוּפְעַל)	causative passive
7.	הִתְפַּעֵל		reflexive

NOTES

1. These are merely the basic meanings of the binyanim. However, it should be born in mind that their semantic range is wider.
2. These forms correspond to the third masc. sing of the past tense. Thus:

לָמַד		(he learned)
שָׁבַר		(he broke)
נִשְׂרַף		(he was burnt)
שִׁבֵּר		(he shattered)
לִמֵּד		(he taught)
שֻׁבַּר		(he was shattered)
הִמְלִיךְ		(he caused someone to be king)
הָמְלַךְ	(הֻמְלַךְ, הוּמְלַךְ)	(he was made king)
הִתְלַבֵּשׁ		(he dressed himself)

3. Since the 3rd pers. masc. sing. past qal are the simplest forms of the verb, they are considered as the roots of the verb and as a consequence, lexicographically, they are regarded as infinitives, e.g. שָׁבַר which properly means 'he broke' is entered in most dictionaries as the infinitive 'to break'.

[1] The choice of the root פעל as a prototype is unsuitable: e.g. the ע, being a guttural, does not take a dagesh and, consequently, the accurate form of the pattern is not adequately illustrated by it. However, as early Hebrew grammarians used it, it has been maintained as a prototype despite its unsuitability.

4. In the פִּעֵל , פֻּעַל and הִתְפַּעֵל there is a dagesh in the second root letter. However, if this letter is a guttural or a ר the dagesh is omitted and the first root letter takes a tsere instead of a ḥiriq; a ḥolam instead of a qubbuts; and a qamats instead of a pataḥ, e.g. בֵּרֵךְ (not בִּרֵּךְ); בֹּרַךְ (not בֻּרַּךְ); הִתְבָּרֵךְ (not הִתְבַּרֵּךְ), from the root ברך , to bless. (See chapter 1, section 7.)

4. *The infinitive of the qal*[1]

The root letters form the core of the verb. The infinitive is expressed by the root letters usually prefixed by the inseparable preposition ל.[2] Thus:

1. שְׁלֵמִים		כתב	=	לִכְתֹּב	[3]	(to write)
2. פ guttural		עבד	=	לַעֲבֹד	[4]	(to work)
3. ע guttural		בחר	=	לִבְחֹר	[5]	(to choose)
4. ל guttural		שמע	=	לִשְׁמֹעַ	[6]	(to hear)
5. נָחֵי פ"א	(i)	אכל	=	לֶאֱכֹל	[7]	(to eat)
	(ii)	אמר	=	לוֹמַר / לֵאמֹר	[8]	(to say)
6. נָחֵי פ"י		ינק	=	לִינֹק	[9]	(to suck)
7. חַסְרֵי פ"י	(i)	ישב	=	לָשֶׁבֶת	[10]	(to sit)
	(ii)	ידע	=	לָדַעַת	[11]	(to know)
8. פ"נ	(i)	נפל	=	לִנְפֹּל		(to fall)
	(ii)	נגש	=	לָגֶשֶׁת		(to approach)
9. ע"ו	(i)	קום	=	לָקוּם		(to rise)
	(ii)	בוא	=	לָבוֹא		(to come)
10. ע"י		שים	=	לָשִׂים		(to put)
11. ע"ע	(i)	סבב	=	לָסֹב		(to go round)
	(ii)	מדד	=	לִמְדֹּד	[12]	(to measure)
12. ל"א	(i)	קרא	=	לִקְרֹא		(to call)
	(ii)	ירא	=	לִירֹא	[13]	(to fear)
13. ל"ה	(i)	בנה	=	לִבְנוֹת	[14]	(to build)
	(ii)	עשׂה	=	לַעֲשׂוֹת		(to do)
	(iii)	היה	=	לִהְיוֹת		(to be)
Exceptional forms[15]		נשׂא	=	לָשֵׂאת		(to lift)
		יצא	=	לָצֵאת		(to go out)
		נתן	=	לָתֵת		(to give)
		לקח	=	לָקַחַת		(to take)
		הלך	=	לָלֶכֶת		(to go)
		שׁכב	=	לִשְׁכַּב		(to lie down)

NOTES

[1] There are in fact two forms of the infinitive: a) a form consisting of the root letters and expressing the central idea of the verb without reference to gender, number, tense, mood, etc. (See section 1 above.) This form is called by the grammarians 'infinitive absolute' and in Hebrew מָקוֹר

(lit. source); b) a form called by the grammarians 'infinitive construct' and in Hebrew שֵׁם הַפֹּעַל (lit. verbal noun), because it has often the property of a noun, e.g. כְּתֹב (writing). While in biblical Hebrew the infinitive absolute played a role in the construction of the sentence, in Modern Hebrew it has become redundant, except in cases where some infinitives are used as adverbs, e.g. הַרְבֵּה (much), מַהֵר (quickly).

2 Also, but rather rarely, by the other three inseparable prepositions. (See chapter 1, section 10.)

3 The inseparable preposition ל takes a ḥiriq instead of a sheva because two consecutive shevas do not occur at the beginning of a word. Although the ḥiriq under the inseparable preposition is a light vowel and the sheva under the כ is a medium sheva (see chapter 1, section 10, footnote 1), nevertheless the ת (one of the ב,ג,ד,כ,פ,ת letters) takes a light dagesh. However, if the inseparable prepositions ב,כ precede the infinitive the ב,ג,ד,כ,פ,ת do not take a light dagesh, e.g. בִּכְתֹב, כִּכְתֹב.

4 The initial gutturals ע, ח, ה (not א) take a ḥ[a]ṭaph pataḥ instead of a sheva and the inseparable preposition takes the distinctive vowel pataḥ. However, there are cases when the guttural maintains the sheva, e.g. לַחְשֹׁב (as well as לַחֲשֹׁב).

5 The infinitives of the ע guttural verbs do not differ from those of the regular verbs.

6 The final gutturals ה, ח and ע take a furtive pataḥ. (See chapter 1, section 7 (3).)

7 The initial א takes a ḥ[a]ṭaph segol and the prefixed preposition takes the distinctive vowel segol. Similarly for פ"א verbs other than נָחִים (see section 2, 2a) above).

8 The infinitive of אמר is לוֹמַר or לֵאמֹר. In Modern Hebrew, לוֹמַר is used (לֵאמֹר is used sometimes in the sense of 'that is to say'). The form לֵאמֹר stands for hypothetical לֶאֱמֹר. The א quiesces and the segol of the inseparable preposition is lengthened to a tsere.

9 The hypothetical form לְיְנֹק has undergone two modifications. Firstly to לִיְנֹק (compare לִכְתֹּב), because two shevas do not occur at the beginning of a word, and secondly the sheva under the י quiesces according to the rule stated above. (See chapter 1, section 10 (7).)

10 A less common form is לֵישֵׁב.

11 The guttural prefers the vowel pataḥ under it and before it. (See chapter 1, section 7 (4).) The prefixed preposition is marked with a qamats before the stressed syllable. (See chapter 1, section 10 (4).)

12 Some ע"ע verbs are conjugated like the regular verbs.

13 See note 9 above.

14 Most of these were originally ל"י verbs as indicated by the presence of the י in some of the forms, e.g. בָּנִיתִי (I built), בָּנוּי (built). One verb, at least, namely the verb שָׁלָה (to be at rest) has been recognized as having been originally a ל"ו verb.

Note that the ה in לִהְיוֹת retains the sheva because it is a hard guttural. (See chapter 1, section 7, footnote 1.)

15
לָשֵׂאת : hypothetical לָשֶׂאֶת – compare לָגֶשֶׁת , but the א quiesces and the segol under the שׂ is lengthened to tsere (see 8 above). Similarly לָצֵאת (hypothetical form לָצֶאֶת –compare לָשֶׁבֶת); לָתֵת (hypothetical form לָתֶנֶת but the נ is omitted). The verb לקח behaves like the פ״נ and the verb הלך behaves like the חֲסְרֵי פ״י. The infinitive of the verb שׁכב is לִשְׁכַּב (second syllable has an ‘a’ not ‘o’).

CHAPTER 4

The qal conjugation in the present tense (בִּנְיָן קַל בִּזְמַן הֹוֶה)

A. Active verbs

		F.Pl.	M.Pl.	F.Sing.	M.Sing.	
1.	שְׁלֵמִים:	כּוֹתְבוֹת	כּוֹתְבִים	כּוֹתֶבֶת	כּוֹתֵב	1
2.	ע guttural:	בּוֹחֲרוֹת	בּוֹחֲרִים	בּוֹחֶרֶת	בּוֹחֵר	2
3.	ל guttural:	שׁוֹמְעוֹת	שׁוֹמְעִים	שׁוֹמַעַת	שׁוֹמֵעַ	
4.	ע״ו:	קָמוֹת	קָמִים	קָמָה	קָם	3
5.	ע״י:	שָׂמוֹת	שָׂמִים	שָׂמָה	שָׂם	
6.	ע״ע:	סַבּוֹת	סַבִּים	סַבָּה	סַב	4
7.	ל״א:	קוֹרְאוֹת	קוֹרְאִים	קוֹרֵאת	קוֹרֵא	5
8.	ל״ה:	בּוֹנוֹת	בּוֹנִים	בּוֹנָה	בּוֹנֶה	

NOTES (For roots and meanings see chapter 3, section 4)

1 The פ gutturals, the פ״א, the פ״י, and the פ״נ are conjugated like the שְׁלֵמִים.

2 The guttural letter takes a ḥ^a^taph pataḥ in בּוֹחֲרִים/בּוֹחֲרוֹת. שׁוֹמֵעַ has a furtive pataḥ under the ע and שׁוֹמַעַת has two pataḥs, one under the מ and one under the ע (see chapter 1, section 7).

3 The ע״ו and ע״י have the same forms. In the fem. sing. the stress is on the final syllable (not on the first syllable as is the case in the past, see chapter 5).

4 The ע״ע have two forms. The tendency is to conjugate some of the verbs like the regular verbs, e.g. סוֹבֵב סוֹבֶבֶת סוֹבְבִים סוֹבְבוֹת.

5 קוֹרֵאת (hypothetical form קוֹרֶאֶת – compare כּוֹתֶבֶת); the א quiesces and a long vowel, tsere, replaces the segol (see chapter 3, section 4, note 15).

B. Stative verbs

There are two types of stative verbs:

(i) The פָּעֵל type, e.g. זקן (to be old), אבל (to mourn), שׂמח (to be happy), ירא (to be afraid).

(ii) The פָּעֹל type, e.g. יכל (to be able).

(i) The פָּעֵל type

		F.Pl.	M.Pl.	F.Sing.	M.Sing.	
1.	שְׁלֵמִים:	זְקֵנוֹת	זְקֵנִים	זְקֵנָה	זָקֵן	1
2.	פ guttural:	אֲבֵלוֹת	אֲבֵלִים	אֲבֵלָה	אָבֵל	2
3.	ל guttural:	שְׂמֵחוֹת	שְׂמֵחִים	שְׂמֵחָה	שָׂמֵחַ	2
4.	ל״א:	יְרֵאוֹת	יְרֵאִים	יְרֵאָה	יָרֵא	3

(ii) The פָּעֹל *type*[4]

	יְכוֹלוֹת	יְכוֹלִים	יְכוֹלָה	יָכוֹל
Other stative verbs				
Root מות (to die)	מֵתוֹת	מֵתִים	מֵתָה	מֵת
" חיה (to live)	חַיּוֹת	חַיִּים	חַיָּה	חַי

NOTES

[1] The qamats is reduced to a sheva in the fem. and the plur. because the stress has moved forward (see chapter 1, section 8).

[2] The initial guttural takes a ḥ^a^ṭaph pataḥ instead of a sheva and the third radical guttural takes a furtive pataḥ in the masc. sing. (see chapter 1, section 7).

[3] The most common stative ל"א verbs are: ירא (to be afraid), מלא (to be full), צמא (to be thirsty).

[4] The verb יכל (to be able) is the most common stative verb of the פָּעֹל type.

C. The passive participle

The most common forms of the passive participle are (from roots סגר , to close; חשב ,to think; פתח , to open; שׂנא , to hate; בנה , to build):

	F.Pl.	M.Pl.	F.Sing.	M.Sing.
1. שְׁלֵמִים:	סְגוּרוֹת	סְגוּרִים	סְגוּרָה	סָגוּר [1]
2. פ guttural:	חֲשׁוּבוֹת	חֲשׁוּבִים	חֲשׁוּבָה	חָשׁוּב [2]
3. ל guttural:	פְּתוּחוֹת	פְּתוּחִים	פְּתוּחָה	פָּתוּחַ [3]
4. ל"א:	שְׂנוּאוֹת	שְׂנוּאִים	שְׂנוּאָה	שָׂנוּא
5. ל"ה:	בְּנוּיוֹת	בְּנוּיִים	בְּנוּיָה	בָּנוּי [4]

NOTES:

[1] The masc. sing. of the passive participles is formed by placing a qamats under the first letter of the root and a shuruq between the second and the third.

[2] The gutturals take a ḥ^a^ṭaph pataḥ in the feminine and plural.

[3] Note the furtive pataḥ under the ח (see chapter 1, section 7).

[4] See chapter 3, section 4, note 14.

CHAPTER 5

The qal conjugation in the past (בִּנְיָן קַל בִּזְמַן עָבָר)

1. Regular verbs (שְׁלֵמִים) (root כתב : to write)[1]

3p	2p	1p	3s	2s	1s	
כָּתְב/וּ	כְּתַבְ/תֶּם	כָּתַבְ/נוּ	כָּתַב	כָּתַבְ/תָּ	כָּתַבְ/תִּי	masc.
"	כְּתַבְ/תֶּן	"	כָּתְבָ/ה	כָּתַבְ/תְּ	"	fem.

2. פ guttural (root עבר : to pass)[2]

3p	2p	1p	3s	2s	1s	
עָבְר/וּ	עֲבַרְ/תֶּם	עָבַרְ/נוּ	עָבַר	עָבַרְ/תָּ	עָבַרְ/תִּי	masc.
"	עֲבַרְ/תֶּן	"	עָבְרָ/ה	עָבַרְ/תְּ	"	fem.

3. ע guttural (root בחר : to choose)[3]

3p	2p	1p	3s	2s	1s	
בָּחֲר/וּ	בְּחַרְ/תֶּם	בָּחַרְ/נוּ	בָּחַר	בָּחַרְ/תָּ	בָּחַרְ/תִּי	masc.
"	בְּחַרְ/תֶּן	"	בָּחֲרָ/ה	בָּחַרְ/תְּ	"	fem.

4. ל guttural (root שמע : to hear)[4]

3p	2p	1p	3s	2s	1s	
שָׁמְע/וּ	שְׁמַעְ/תֶּם	שָׁמַעְ/נוּ	שָׁמַע	שָׁמַעְ/תָּ	שָׁמַעְ/תִּי	masc.
"	שְׁמַעְ/תֶּן	"	שָׁמְעָ/ה	שָׁמַעַ/תְּ	"	fem.

5. פ"א נָחֵי (root אמר : to say)[5]

3p	2p	1p	3s	2s	1s	
אָמְר/וּ	אֲמַרְ/תֶּם	אָמַרְ/נוּ	אָמַר	אָמַרְ/תָּ	אָמַרְ/תִּי	masc.
"	אֲמַרְ/תֶּן	"	אָמְרָ/ה	אָמַרְ/תְּ	"	fem.

6. פ"י נָחֵי (root ינק : to suck)[6]

3p	2p	1p	3s	2s	1s	
יָנְק/וּ	יְנַקְ/תֶּם	יָנַקְ/נוּ	יָנַק	יָנַקְ/תָּ	יָנַקְ/תִּי	masc.
"	יְנַקְ/תֶּן	"	יָנְקָ/ה	יָנַקְ/תְּ	"	fem.

7. פ"י חַסְרֵי (root ישב : to sit)[7]

3p	2p	1p	3s	2s	1s	
יָשְׁב/וּ	יְשַׁבְ/תֶּם	יָשַׁבְ/נוּ	יָשַׁב	יָשַׁבְ/תָּ	יָשַׁבְ/תִּי	masc.
"	יְשַׁבְ/תֶּן	"	יָשְׁבָ/ה	יָשַׁבְ/תְּ	"	fem.

8. פ"נ (i) (root נפל ; to fall)[8]

3p	2p	1p	3s	2s	1s	
נָפְל/וּ	נְפַלְ/תֶּם	נָפַלְ/נוּ	נָפַל	נָפַלְ/תָּ	נָפַלְ/תִּי	masc.
"	נְפַלְ/תֶּן	"	נָפְלָ/ה	נָפַלְ/תְּ	"	fem.

but note:

(ii) (root נתן : to give)

3p	2p	1p	3s	2s	1s	
נָתְנ/וּ	נְתַ/תֶּם	נָתַ/נּוּ	נָתַן	נָתַ/תָּ	נָתַ/תִּי	masc.
"	נְתַ/תֶּן	"	נָתְנָ/ה	נָתַ/תְּ	"	fem.

9. ע"ו (i) (root קום : to rise)[9]

3p	2p	1p	3s	2s	1s	
קָמ/וּ	קַמְ/תֶּם	קַמְ/נוּ	קָם	קַמְ/תָּ	קַמְ/תִּי	masc.
"	קַמְ/תֶּן	"	קָמָ/ה	קַמְ/תְּ	"	fem.

(ii) (root בוא : to come)

בָּא/וּ	בָּא/תֶם	בָּא/נוּ	בָּא	בָּא/תָ	בָּא/תִי	masc.
"	בָּא/תֶן	"	בָּאָ/ה	בָּא/ת	"	fem.

10. ע״י (root שׂים : to put)[10]

שָׂמ/וּ	שַׂמְ/תֶּם	שַׂמְ/נוּ	שָׂם	שַׂמְ/תָּ	שַׂמְ/תִּי	masc.
"	שַׂמְ/תֶּן	"	שָׂמָ/ה	שַׂמְ/תְּ	"	fem.

11. ע״ע (root סבב : to go around)[11]

(i)

סַבּ/וּ	סַבּוֹ/תֶם	סַבּוֹ/נוּ	סַב	סַבּוֹ/תָ	סַבּוֹ/תִי	masc.
"	סַבּוֹ/תֶן	"	סַבָּ/ה	סַבּוֹ/ת	"	fem.

(ii)

סָבְב/וּ	סְבַבְ/תֶּם	סָבַבְ/נוּ	סָבַב	סָבַבְ/תָּ	סָבַבְ/תִּי	masc.
"	סְבַבְ/תֶּן	"	סָבְבָ/ה	סָבַבְ/תְּ	"	fem.

12. ל״א (i) (root קרא : to call, read)[12]

קָרְא/וּ	קְרָא/תֶם	קָרָא/נוּ	קָרָא	קָרָא/תָ	קָרָא/תִי	masc.
"	קְרָא/תֶן	"	קָרְאָ/ה	קָרָא/ת	"	fem.

(ii) (root חטא : to sin — פ guttural)

חָטְא/וּ	חֲטָא/תֶם	חָטָא/נוּ	חָטָא	חָטָא/תָ	חָטָא/תִי	masc.
"	חֲטָא/תֶן	"	חָטְאָ/ה	חָטָא/ת	"	fem.

13. ל״ה (i) (root בנה : to build)[13]

בָּנ/וּ	בְּנִי/תֶם	בָּנִי/נוּ	בָּנָה	בָּנִי/תָ	בָּנִי/תִי	masc.
"	בְּנִי/תֶן	"	בָּנְתָ/ה	בָּנִי/ת	"	fem.

(ii) (root עשׂה : to do — פ guttural)

עָשׂ/וּ	עֲשִׂי/תֶם	עָשִׂי/נוּ	עָשָׂה	עָשִׂי/תָ	עָשִׂי/תִי	masc.
"	עֲשִׂי/תֶן	"	עָשְׂתָ/ה	עָשִׂי/ת	"	fem.

(iii) (root היה : to be)

הָי/וּ	הֱיִי/תֶם	הָיִי/נוּ	הָיָה	הָיִי/תָ	הָיִי/תִי	masc.
"	הֱיִי/תֶן	"	הָיְתָ/ה	הָיִי/ת	"	fem.

Stative verbs

1. (פָּעֵל type. Root כבד — to be heavy)[14]

כָּבְד/וּ	כְּבַדְ/תֶּם	כָּבַדְ/נוּ	כָּבֵד	כָּבַדְ/תָּ	כָּבַדְ/תִּי	masc.
"	כְּבַדְ/תֶּן	"	כָּבְדָ/ה	כָּבַדְ/תְּ	"	fem.

2. (פָּעֵל type. Root יכל — to be able)

	masc.
יָכׇל/תִּי׳	masc.
"	fem.

3. ו"ע (i) (root מות to die)[15]

masc.

fem.

(ii) (root בוש to be ashamed)

masc.

fem.

4. ל"א (root ירא to be afraid)[16]

masc.

fem.

NOTES

[1] The third pers. masc. sing. is the simplest form of the verb (see chapter 3). Most of the other persons are formed by combining the root of the verb with suffixes that are derived from the personal pronouns (see chapter 2). The first root letter is pointed with a qamats and the second with a patah. In the second pers. plur. (masc. and fem.) the qamats is shortened to sheva because the stress has moved forward (see chapter 1, section 8).

[2] The initial guttural is pointed with a hᵃtaph patah instead of a sheva in the second pers. plur. (masc. and fem.), e.g. עֲבַרְתֶּם/עֲבַרְתֶּן (see chapter 1, section 8).

[3] The medial guttural is pointed with a hᵃtaph patah instead of a sheva in the third pers. fem. sing. and the third pers. plur. e.g. בָּחֲרָה/בָּחֲרוּ (see chapter 1, section 7).

[4] The third letter guttural (excepting א and ה without mappiq) is pointed with a patah instead of a sheva in the second pers. fem. sing. e.g. שָׁמַעַתְּ.

[5] Like the פ guttural (see note 2 above). So, too, other פ"א verbs.

[6] Like the regular verb (see note 1 above).

[7] Like the regular verb (see note 1 above).

[8] פ"נ verbs are conjugated like the regular verbs but the verb נתן has a unique conjugation. The final נ is elided in the first and second pers. sing. and plur. and a strong dagesh is inserted in the suffixes to indicate this elision.

[9] The third pers. fem. has the stress on the first syllable (see chapter 4A, note 3). The verb בוא is a ו"ע and ל"א and has the features of both. Like the ל"א it takes a qamats before the א (see note 12 below).

[10] The י"ע verbs are conjugated like the ו"ע.

[11] The second and third root letters fuse into one and a dagesh is inserted to indicate this fusion. There is a tendency to conjugate some of the ע"ע verbs like the regular verbs (see chapter 4A, note 4).

[12] The ל"א verbs differ from the regular verbs in that the third root letter is quiescent and in consequence the second root letter takes a qamats instead of

a pataḥ. (Compare קָרָאתִי with כָּתַבְתִּי). An initial guttural takes a ḥ[a]ṭaph pataḥ instead of a sheva in the second pers. plur. (masc. and fem.) e.g. חֲטָאתֶם/חֲטָאתֶן (see chapter 1, section 8).

13 A י appears in a number of forms, e.g. בָּנִיתִי, בָּנִיתָ etc. (see chapter 3, section 4, note 14). An initial guttural takes a ḥ[a]ṭaph pataḥ instead of a sheva in the second pers. plur. (masc. and fem.) e.g. עֲשִׂיתֶם/עֲשִׂיתֶן but note הֱיִיתֶם/הֱיִיתֶן.

14 The פָּעֵל type differs from the active verbs only in the third pers. masc. sing. while the פָּעֹל is extensively different. Note that in the second pers. plur. (masc. and fem.) the ḥolam is reduced to a short qamats because of the shift of the stress to the last syllable (יְכָלְתֶּם/יְכָלְתֶּן).

15 The ע״ו, like the regular verbs, have three forms:
a) פָּעַל e.g. קָם (active – compare כָּתַב).
b) פָּעֵל e.g. מֵת (stative – compare כָּבֵד).
c) פָּעֹל e.g. בֹּשׁ (" – compare יָכֹל).
The ḥolam is reduced to a short qamats in בָּשְׁתֶּם/בָּשְׁתֶּן because of the shift of the stress to the last syllable (see note 14 above). מַתִּי etc. stands for מַתְתִּי; the two ת have coalesced, hence the strong dagesh.

16 As a stative verb the second root letter takes a tsere instead of a qamats.

CHAPTER 6

The qal conjugation in the future (בִּנְיָן קַל בִּזְמַן עָתִיד)

1. שְׁלֵמִים[1–5]

(i) יִפְעֹל pattern (root כתב : to write)

3p	2p	1p	3s	2s	1s	
יִכְתְּבוּ	תִּכְתְּבוּ	נִכְתֹּב	יִכְתֹּב	תִּכְתֹּב	אֶכְתֹּב	masc.
תִּכְתֹּבְנָה	תִּכְתֹּבְנָה	"	תִּכְתֹּב	תִּכְתְּבִי	"	fem.

(ii) יִפְעַל pattern (root כבד : to be heavy)

3p	2p	1p	3s	2s	1s	
יִכְבְּדוּ	תִּכְבְּדוּ	נִכְבַּד	יִכְבַּד	תִּכְבַּד	אֶכְבַּד	masc.
תִּכְבַּדְנָה	תִּכְבַּדְנָה	"	תִּכְבַּד	תִּכְבְּדִי	"	fem.

2. פ guttural[6]

(i) יִפְעֹל (root עבר : to pass)

3p	2p	1p	3s	2s	1s	
יַעַבְרוּ	תַּעַבְרוּ	נַעֲבֹר	יַעֲבֹר	תַּעֲבֹר	אֶעֱבֹר	masc.
תַּעֲבֹרְנָה	תַּעֲבֹרְנָה	"	תַּעֲבֹר	תַּעַבְרִי	"	fem.

(ii) יִפְעַל (root חזק : to be strong)

3p	2p	1p	3s	2s	1s	
יֶחֶזְקוּ	תֶּחֶזְקוּ	נֶחֱזַק	יֶחֱזַק	תֶּחֱזַק	אֶחֱזַק	masc.
תֶּחֱזַקְנָה	תֶּחֱזַקְנָה	"	תֶּחֱזַק	תֶּחֶזְקִי	"	fem.

3. ע guttural[7]

יִפְעַל (root בחר : to choose)

3p	2p	1p	3s	2s	1s	
יִבְחֲרוּ	תִּבְחֲרוּ	נִבְחַר	יִבְחַר	תִּבְחַר	אֶבְחַר	masc.
תִּבְחַרְנָה	תִּבְחַרְנָה	"	תִּבְחַר	תִּבְחֲרִי	"	fem.

4. ל guttural[8]

יִפְעַל (root שמע : to hear)

3p	2p	1p	3s	2s	1s	
יִשְׁמְעוּ	תִּשְׁמְעוּ	נִשְׁמַע	יִשְׁמַע	תִּשְׁמַע	אֶשְׁמַע	masc.
תִּשְׁמַעְנָה	תִּשְׁמַעְנָה	"	תִּשְׁמַע	תִּשְׁמְעִי	"	fem.

5. פ"א[9]

(i) יִפְעֹל (root אסף : to gather)

3p	2p	1p	3s	2s	1s	
יַאַסְפוּ	תַּאַסְפוּ	נֶאֱסֹף	יֶאֱסֹף	תֶּאֱסֹף	אֶאֱסֹף	masc.
תֶּאֱסֹפְנָה	תֶּאֱסֹפְנָה	"	תֶּאֱסֹף	תַּאַסְפִי	"	fem.

(ii) יִפְעַל (root אדם : to be red)

3p	2p	1p	3s	2s	1s	
יֶאֶדְמוּ	תֶּאֶדְמוּ	נֶאֱדַם	יֶאֱדַם	תֶּאֱדַם	אֶאֱדַם	masc.
תֶּאֱדַמְנָה	תֶּאֱדַמְנָה	"	תֶּאֱדַם	תֶּאֶדְמִי	"	fem.

(iii) נָחֵי פ״א (root אמר : to say)

masc.	אֹמַר	תֹּאמַר	יֹאמַר	נֹאמַר	תֹּאמְרוּ	יֹאמְרוּ
fem.	"	תֹּאמְרִי	תֹּאמַר	"	תֹּאמַרְנָה	תֹּאמַרְנָה

6. פ״י[10]

(i) (root ינק : to suck)

masc.	אִינַק	תִּינַק	יִינַק	נִינַק	תִּינְקוּ	יִינְקוּ
fem.	"	תִּינְקִי	תִּינַק	"	תִּינַקְנָה	תִּינַקְנָה

(ii) (root ישב : to sit)

masc.	אֵשֵׁב	תֵּשֵׁב	יֵשֵׁב	נֵשֵׁב	תֵּשְׁבוּ	יֵשְׁבוּ
fem.	"	תֵּשְׁבִי	תֵּשֵׁב	"	תֵּשַׁבְנָה	תֵּשַׁבְנָה

(iii) (root ידע : to know)

masc.	אֵדַע	תֵּדַע	יֵדַע	נֵדַע	תֵּדְעוּ	יֵדְעוּ
fem.	"	תֵּדְעִי	תֵּדַע	"	תֵּדַעְנָה	תֵּדַעְנָה

(iv) (root יצר : to create)

masc.	אֶצֹּר	תִּצֹּר	יִצֹּר	נִצֹּר	תִּצְּרוּ	יִצְּרוּ
fem.	"	תִּצְּרִי	תִּצֹּר	"	תִּצֹּרְנָה	תִּצֹּרְנָה

(v) (root ירא : to fear)

masc.	אִירָא	תִּירָא	יִירָא	נִירָא	תִּירְאוּ	יִירְאוּ
fem.	"	תִּירְאִי	תִּירָא	"	תִּירֶאנָה	תִּירֶאנָה

(vi) (root יצא : to go out)

masc.	אֵצֵא	תֵּצֵא	יֵצֵא	נֵצֵא	תֵּצְאוּ	יֵצְאוּ
fem.	"	תֵּצְאִי	תֵּצֵא	"	תֵּצֶאנָה	תֵּצֶאנָה

(vii) (root יכל : to be able)

masc.	אוּכַל	תּוּכַל	יוּכַל	נוּכַל	תּוּכְלוּ	יוּכְלוּ
fem.	"	תּוּכְלִי	תּוּכַל	"	תּוּכַלְנָה	תּוּכַלְנָה

(viii) (root הלך : to go)[10]

masc.	אֵלֵךְ	תֵּלֵךְ	יֵלֵךְ	נֵלֵךְ	תֵּלְכוּ	יֵלְכוּ
fem.	"	תֵּלְכִי	תֵּלֵךְ	"	תֵּלַכְנָה	תֵּלַכְנָה

7. פ״נ[11]

(i) יִפְעֹל (root נפל : to fall)

masc.	אֶפֹּל	תִּפֹּל	יִפֹּל	נִפֹּל	תִּפְּלוּ	יִפְּלוּ
fem.	"	תִּפְּלִי	תִּפֹּל	"	תִּפֹּלְנָה	תִּפֹּלְנָה

(ii) יִפְעַל (root נגש : to approach)

masc.	אֶגַּשׁ	תִּגַּשׁ	יִגַּשׁ	נִגַּשׁ	תִּגְּשׁוּ	יִגְּשׁוּ
fem.	"	תִּגְּשִׁי	תִּגַּשׁ	"	תִּגַּשְׁנָה	תִּגַּשְׁנָה

(iii) ע guttural (root נהג : to lead)

יִנְהֲגוּ	תִּנְהֲגוּ	נִנְהַג	יִנְהַג	תִּנְהַג	אֶנְהַג	masc.
תִּנְהַגְנָה	תִּנְהַגְנָה	"	תִּנְהַג	תִּנְהֲגִי	"	fem.

(iv) ל guttural (root נסע : to travel)

יִסְעוּ	תִּסְעוּ	נִסַּע	יִסַּע	תִּסַּע	אֶסַּע	masc.
תִּסַּעְנָה	תִּסַּעְנָה	"	תִּסַּע	תִּסְעִי	"	fem.

(v) (root נתן : to give)

יִתְּנוּ	תִּתְּנוּ	נִתֵּן	יִתֵּן	תִּתֵּן	אֶתֵּן	masc.
תִּתֵּנָּה	תִּתֵּנָּה	"	תִּתֵּן	תִּתְּנִי	"	fem.

(vi) (root לקח : to take)

יִקְחוּ	תִּקְחוּ	נִקַּח	יִקַּח	תִּקַּח	אֶקַּח	masc.
תִּקַּחְנָה	תִּקַּחְנָה	"	תִּקַּח	תִּקְחִי	"	fem.

8. ע״ו[12]

(i) (root קוּם : to rise)

יָקֽוּמוּ	תָּקֽוּמוּ	נָקוּם	יָקוּם	תָּקוּם	אָקוּם	masc.
תָּקֹמְנָה	תָּקֹמְנָה	"	תָּקוּם	תָּקֽוּמִי	"	fem.

(ii) (root בּוֹא : to come)

יָבֹ֫ואוּ	תָּבֹ֫ואוּ	נָבוֹא	יָבוֹא	תָּבוֹא	אָבוֹא	masc.
תָּבֹ֫אנָה	תָּבֹ֫אנָה	"	תָּבוֹא	תָּבֹ֫ואִי	"	fem.

(iii) (root בּוֹשׁ : to be ashamed)

יֵבֹ֫ושׁוּ	תֵּבֹ֫ושׁוּ	נֵבוֹשׁ	יֵבוֹשׁ	תֵּבוֹשׁ	אֵבוֹשׁ	masc.
תֵּבֹ֫שְׁנָה	תֵּבֹ֫שְׁנָה	"	תֵּבוֹשׁ	תֵּבֹ֫ושִׁי	"	fem.

9. ע״י[13]

(root שִׂים : to put)

יָשִׂ֫ימוּ	תָּשִׂ֫ימוּ	נָשִׂים	יָשִׂים	תָּשִׂים	אָשִׂים	masc.
תָּשֵׂ֫מְנָה	תָּשֵׂ֫מְנָה	"	תָּשִׂים	תָּשִׂ֫ימִי	"	fem.

10. ע״ע[14]

(i) יִפְעֹל (root מדד : to measure)

יִמְדְּדוּ	תִּמְדְּדוּ	נִמְדֹּד	יִמְדֹּד	תִּמְדֹּד	אֶמְדֹּד	masc.
תִּמְדֹּדְנָה	תִּמְדֹּדְנָה	"	תִּמְדֹּד	תִּמְדְּדִי	"	fem.

(ii) (root סבב : to go round)

masc.	אָסֹב	תָּסֹב	יָסֹב	נָסֹב	תָּסֹבּוּ	יָסֹבּוּ
fem.	"	תָּסֹבִּי	תָּסֹב	"	תָּסֹבְנָה (תְּסֻבֶּינָה)	תָּסֹבְנָה (תְּסֻבֶּינָה)

or

masc.	אֶסֹּב	תִּסֹּב	יִסֹּב	נִסֹּב	תִּסְּבוּ	יִסְּבוּ
fem.	"	תִּסְּבִי	תִּסֹּב	"	תִּסֹּבְנָה	תִּסֹּבְנָה

(iii) יִפְעַל (root קלל : to be light)

masc.	אֵקַל	תֵּקַל	יֵקַל	נֵקַל	תֵּקַלּוּ	יֵקַלּוּ
fem.	"	תֵּקַלִּי	תֵּקַל	"	תֵּקַלְנָה	תֵּקַלְנָה

11. ל"א[15]

(i) (root קרא : to call, read)

masc.	אֶקְרָא	תִּקְרָא	יִקְרָא	נִקְרָא	תִּקְרְאוּ	יִקְרְאוּ
fem.	"	תִּקְרְאִי	תִּקְרָא	"	תִּקְרֶאנָה	תִּקְרֶאנָה

(ii) (root חטא : to sin)

masc.	אֶחֱטָא	תֶּחֱטָא	יֶחֱטָא	נֶחֱטָא	תֶּחֶטְאוּ	יֶחֶטְאוּ
fem.	"	תֶּחֶטְאִי	תֶּחֱטָא	"	תֶּחֱטֶאנָה	תֶּחֱטֶאנָה

(iii) (root נשׂא : to lift)

masc.	אֶשָּׂא	תִּשָּׂא	יִשָּׂא	נִשָּׂא	תִּשְּׂאוּ	יִשְּׂאוּ
fem.	"	תִּשְּׂאִי	תִּשָּׂא	"	תִּשֶּׂאנָה	תִּשֶּׂאנָה

12. ל"ה

(i) (root בנה : to build)

masc.	אֶבְנֶה	תִּבְנֶה	יִבְנֶה	נִבְנֶה	תִּבְנוּ	יִבְנוּ
fem.	"	תִּבְנִי	תִּבְנֶה	"	תִּבְנֶינָה	תִּבְנֶינָה

(ii) (root עשׂה : to do)[16]

masc.	אֶעֱשֶׂה	תַּעֲשֶׂה	יַעֲשֶׂה	נַעֲשֶׂה	תַּעֲשׂוּ	יַעֲשׂוּ
fem.	"	תַּעֲשִׂי	תַּעֲשֶׂה	"	תַּעֲשֶׂינָה	תַּעֲשֶׂינָה

(iii) (root היה : to be)[16]

masc.	אֶהְיֶה	תִּהְיֶה	יִהְיֶה	נִהְיֶה	תִּהְיוּ	יִהְיוּ
fem.	"	תִּהְיִי	תִּהְיֶה	"	תִּהְיֶינָה	תִּהְיֶינָה

NOTES

1 In some classes of verbs, the future conjugation has two patterns:
(a) the יִפְעֹל pattern (second root letter has 'ō' vowel)
(b) the יִפְעַל pattern (second root letter has 'a' vowel).
Most transitive verbs are conjugated on the יִפְעֹל pattern (but there are exceptions, e.g. לבשׁ (to wear) and למד (to learn) are conjugated on the יִפְעַל

pattern although they are transitive verbs). Most intransitive verbs or verbs whose second root letter is a guttural (א, ה, ח, ע), and verbs whose third letter is ח, ע or ה with mappiq (see chapter 1, section 1, note 4), are conjugated on the יִפְעַל pattern.

2 The future is formed by prefixing the letters א, י, ת, ן to the root. (The letters arranged in that order form the word אֵיתָן, which is used as a mnemonic.)

3 The second pers. masc. sing. and the third pers. fem. sing. have the same form, e.g. תִּכְתֹּב.

4 The second pers. and third pers. fem. plur. have the same form, e.g. תִּכְתֹּבְנָה.

5 If the second root letter is a ב, ג, ד, כ, פ, ת a light dagesh is inserted in it after the closed syllable, e.g. אֶכְתֹּב (see chapter 1, section 6).

6 The vocalization of the פ guttural verbs differs from the regular verbs in both the יִפְעֹל and יִפְעַל patterns. In the יִפְעֹל pattern, the first root letter takes a ḥ^a^ṭaph segol in the first pers. sing. instead of a sheva (compare אֶעֱבֹר with אֶכְתֹּב), and a ḥ^a^ṭaph pataḥ in the second, third, etc. The ḥ^a^ṭaph pataḥ is maintained throughout the conjugation except before a sheva when the ḥ^a^ṭaph pataḥ is replaced by a pataḥ. The pronoun prefixes (א, י, ת, ן) take the distinctive vowel of the first root letter, namely segol in the first person sing., and pataḥ in the rest of the conjugation.
Similarly, in the יִפְעַל pattern, the first root letter takes a ḥ^a^ṭaph segol instead of a sheva (compare אֶחֱזַק with אֶכְבַּד). The ḥ^a^ṭaph segol is maintained throughout the conjugation except in תֶּחֶזְקִי, תֶּחֶזְקוּ and יֶחֶזְקוּ where the ḥ^a^ṭaph segol is replaced by a segol. The pronoun prefixes א, י, ת, ן take a segol which is the distinctive vowel of the first root letter.

7 The ח in תִּבְחֲרִי, תִּבְחֲרוּ, יִבְחֲרוּ takes a ḥ^a^ṭaph pataḥ instead of a sheva (see chapter 1, section 7).

8 See note 1 above.

9 There are two categories of פ"א verbs:
(a) where the א is vowelled in the future, eg. אסף, אדם
(b) where the א is unvowelled in the future, e.g. אמר . In the first pers. the first root letter coalesces with the pronoun prefix resulting in אֹמַר. Other verbs conjugated like אמר are אבד (to lose), אבה (to want), אכל (to eat) and אפה (to bake).
There are פ"א verbs that are conjugated in parts like the פ"א and in others like the נָחֵי פ"א e.g. אֹהַב (I shall love) but יֶאֱהַב (he will love).

10 There are three categories of פ"י verbs:
(a) the נָחֵי פ"י where the י is retained in the future, e.g. ינק
(b) the חַסְרֵי פ"י where the י is elided in the future qal;
the most common of these verbs are ישב, ידע (to know), ילד (to bear a child), ירד (to go down), יצא (to go out).
(c) where the י is assimilated to the following consonant and the assimilation is indicated by a strong dagesh, e.g. יצר (compare with the פ"נ verbs below).
Note that under the influence of a guttural the second root letter of ידע takes a pataḥ instead of a tsere, e.g. אֵדַע, תֵּדַע, יֵדַע. The verb ירא belongs to the נָחֵי פ"י and ל"א (see no. 11 in the table) and its future combines features of both. The verb יצא belongs to the חַסְרֵי פ"י and ל"א and its conjugation

combines features of both. The verb יכל has an unusual future. The verb הלך is conjugated similarly to the פ״י חֲסֵרֵי (see chapter 3, section 4, note 15), losing its ה in the future qal.

11 The פ״נ verbs are conjugated like the regular verbs with the exception that the נ is elided and the elision is marked by a dagesh in the second root letter. In some cases, however, the נ is not elided, especially when the second or third letter of the root is a guttural, e.g. יִנְהַג (he will lead), יִנְבַּח (he will bark). Most verbs are conjugated on the יִפְעֹל pattern, but verbs whose third radical is a guttural, and the verbs נגשׁ (to draw near) and נשׁק (to kiss) are conjugated on the יִפְעַל pattern. The verb לקח is conjugated like a פ״נ verb, the ל being assimilated to the next consonant. The conjugation of the verb נתן differs from the conjugation of the other פ״נ verbs in that its second root letter receives a tsere in the future.

12 Most ע״ו verbs form their future in shuruq, e.g. אָקוּם etc. However, the second and third pers. fem. plur. take a ḥolam instead of a shuruq, e.g. תָּקֹמְנָה. Some ע״ו form their future in ḥolam, e.g. אָבוֹא etc.

13 The long ḥiriq is shortened to tsere in תָּשֵׂמְנָה.

14 There are two alternative forms, one resembling that of the ע״ו verbs, though not identical with it, and the other identical with that of the פ״נ verbs. Some of the ע״ע verbs are conjugated like the regular verbs, e.g. אֶמְדֹד etc. (see chapter 5, note 11).

15 The ל״א verbs are conjugated like the regular verbs of the יִפְעַל pattern with the exception that the letter preceding the א takes a qamats instead of a pataḥ (compare אֶקְרָא with אֶכְבַּד) and that a segol replaces the pataḥ in the second and third pers. fem. plur. (compare תִּקְרֶאנָה with תִּכְבַּדְנָה). If the first letter of the root is a guttural, vowel adjustments take place according to the rules of the gutturals, e.g. root חטא. The verb נשׂא is both a פ״נ and a ל״א and its conjugation has the features of both.

16 If the first letter of the root is a guttural, a ḥat^aph pataḥ replaces the sheva in all persons except the first pers. sing. which takes a ḥ^ataph segol; the vowel of the prefixed pronouns א, י, ת, ן is segol for the first pers. sing. and pataḥ for the other persons. However, the initial ה of the verb היה takes a sheva (not a ḥ^ataph). The future of the verb חיה (to live) is conjugated exactly like the verb היה .

CHAPTER 7

The imperative of the qal (צִוּוּי שֶׁל בִּנְיָן קַל)

	f.pl.	m.pl.	f.s.	m.s.
1. שְׁלֵמִים [1]				
(i) יִפְעֹל (root כתב : to write)				
	כְּתֹבְנָה	כִּתְבוּ	כִּתְבִי	כְּתֹב
(ii) יִפְעַל (root למד : to learn)				
	לְמַדְנָה	לִמְדוּ	לִמְדִי	לְמַד
2. פ guttural (except א)[2]				
יִפְעֹל (root עבד : to work)				
	עֲבֹדְנָה	עִבְדוּ	עִבְדִי	עֲבֹד
3. ע guttural[3]				
יִפְעַל (root בחר : to choose)				
	בְּחַרְנָה	בַּחֲרוּ	בַּחֲרִי	בְּחַר
4. ל guttural[3]				
יִפְעַל (root שמע : to hear)				
	שְׁמַעְנָה	שִׁמְעוּ	שִׁמְעִי	שְׁמַע
5. פ"א [4]				
(i) יִפְעֹל (root אסף : to gather)				
	אֱסֹפְנָה	אִסְפוּ	אִסְפִי	אֱסֹף
(ii) יִפְעַל (root אדם : to be red)				
	אֱדַמְנָה	אִדְמוּ	אִדְמִי	אֱדַם
(iii) נָחֵי פ"א (root אמר : to say)				
	אֱמֹרְנָה	אִמְרוּ	אִמְרִי	אֱמֹר
6. פ"י [5]				
(i) (root ינק : to suck)				
	יְנַקְנָה	יִנְקוּ	יִנְקִי	יְנַק
(ii) (root ישב : to sit)				
	שֵׁבְנָה	שְׁבוּ	שְׁבִי	שֵׁב

(iii) (root ידע : to know)

דַּע דְּעִי דְּעוּ דַּעְנָה

(iv) (root יצר : to create)

יְצֹר יִצְרִי יִצְרוּ יְצֹרְנָה

(v) (root ירא : to fear)

יְרָא יִרְאִי יִרְאוּ יְרֶאנָה

(vi) (root יצא : to go out)

צֵא צְאִי צְאוּ צֶאנָה (צֶאֶינָה)

(vii) (root הלך : to go)[5]

לֵךְ לְכִי לְכוּ לֵכְנָה

7. פ״נ[6]

(i) (root נפל : to fall)

נְפֹל נִפְלִי נִפְלוּ נְפֹלְנָה

(ii) (root נהג : to drive)

נְהַג נַהֲגִי נַהֲגוּ נְהַגְנָה

(iii) (root נגשׁ : to approach)

גַּשׁ גְּשִׁי גְּשׁוּ גַּשְׁנָה

(iv) (root נסע : to travel)

סַע סְעִי סְעוּ סַעְנָה

(v) (root נתן : to give)

תֵּן תְּנִי תְּנוּ תֵּנָּה

(vi) (root לקח : to take)

קַח קְחִי קְחוּ קַחְנָה

8. ע״ו

(i) (root קום : to rise)

קוּם קוּמִי קוּמוּ קֹמְנָה

(ii) (root בוא : to come)

בּוֹא בּוֹאִי בּוֹאוּ בֹּאנָה

(iii) (root בושׁ : to be ashamed)

בּוֹשׁ בּוֹשִׁי בּוֹשׁוּ בֹּשְׁנָה

9. ע״י

(root שׂים : to put)

שִׂים   שִׂימִי   שִׂימוּ   שֵׂמְנָה

10. ע״ע [7]

(root סבב : to go round)

סֹב   סֹבִּי   סֹבּוּ   סֹבְנָה (סֻבֶּינָה)

11. ל״א [8]

(i) (root קרא : to read, call)

קְרָא   קִרְאִי   קִרְאוּ   קְרֶאנָה

(ii) (root חטא : to sin)

חֲטָא   חִטְאִי   חִטְאוּ   חֲטֶאנָה

(iii) (root נשׂא : to lift)

שָׂא   שְׂאִי   שְׂאוּ   שֶׂאנָה

12. ל״ה [9]

(i) (root בנה : to build)

בְּנֵה   בְּנִי   בְּנוּ   בְּנֶינָה

(ii) (root עשׂה : to do)

עֲשֵׂה   עֲשִׂי   עֲשׂוּ   עֲשֶׂינָה

(iii) (root היה : to be)

הֱיֵה   הֲיִי   הֲיוּ   הֱיֶינָה

NOTES

1 The imperative is closely connected with the future. It is formed by omitting the prefix ת from second pers. forms. כִּתְבִי and כִּתְבוּ stand for כְּתְבִי and כְּתְבוּ but as two shevas do not occur at the beginning of a word, the first sheva is modified to a light vowel ḥiriq (see chapter 1, sections 3 and 10).

2 The ע of עֲבֹד has a ḥaṭaph pataḥ instead of a sheva (see chapter 1, section 7).

3 The ע and ל guttural verbs are conjugated on the יִפְעַל pattern (see chapter 6, note 1). The guttural ח in בַּחֲרִי / בַּחֲרוּ takes a ḥaṭaph pataḥ instead of a sheva and the initial ב takes a pataḥ which is the distinctive vowel of the ḥaṭaph pataḥ (compare כִּתְבִי/כִּתְבוּ).

4 When the first letter of the root is א , a ḥaṭaph segol replaces the sheva, e.g. אֱסֹף, אֱהַב, אֱמֹר.

5 The פ״י נָחֵי keep the י in the imperative, e.g. יְנַק and יְרָא. Verbs like יצר whose initial י assimilates to the following consonant in the future (see chapter 6, note 10), usually keep the י in the imperative (but there are

exceptions). The חֲסְרֵי פ״י lose the י. If the third letter of the root is a guttural, the tsere is replaced by a pataḥ, e.g. דַּע. The imperative of the verb הלך is like the imperative of the חֲסְרֵי פ״י. The fem. plur. imperative of the verb יצא is found in the Bible as צְאֶינָה although one expects it to be צֶאנָה (compare יְרֶאנָה).

6 Some פ״נ verbs retain the initial נ in the imperative, e.g. נפל and נהג. Others like נגשׁ and נסע lose the initial נ. The verb נתן is the only פ״נ verb whose second root letter takes a tsere in the imperative (see chapter 6, note 11). There is a strong dagesh in the נ of תֵּנָּה because it stands for תֵּנְנָה. (One נ for the final radical of the verb and another for the feminine suffix נָה.) The imperative of לקח is identical with that of the חֲסְרֵי פ״נ.

7 These are the most common forms of the imperative of the ע״ע verbs, but there are others, e.g. גַּל (roll), מְדוֹד (measure), etc.

8 See chapter 6, note 15.

9 See chapter 6, note 16. But the imperative of חיה (to live) is חֲיֵה etc., with ḥ^a^ṭaph pataḥ under the first radical in m. and f. sing. and plur.

CHAPTER 8

The niph'al conjugation[1] (בִּנְיַן נִפְעַל)

	1. שְׁלֵמִים שמר (to keep)	2. פ gutt.[2] (א ה ח ע) עזב (to leave)	3. ע gutt.[3] (א ה ח ע) שאל (to ask)
Present			
m.s.	נִשְׁמָר	נֶעֱזָב	נִשְׁאָל
f.s.	נִשְׁמֶרֶת	נֶעֱזֶבֶת	נִשְׁאֶלֶת
m.p.	נִשְׁמָרִים	נֶעֱזָבִים	נִשְׁאָלִים
f.p.	נִשְׁמָרוֹת	נֶעֱזָבוֹת	נִשְׁאָלוֹת
Past			
I	נִשְׁמַרְתִּי	נֶעֱזַבְתִּי	נִשְׁאַלְתִּי
you (m.s.)	נִשְׁמַרְתָּ	נֶעֱזַבְתָּ	נִשְׁאַלְתָּ
you (f.s.)	נִשְׁמַרְתְּ	נֶעֱזַבְתְּ	נִשְׁאַלְתְּ
he	נִשְׁמַר	נֶעֱזַב	נִשְׁאַל
she	נִשְׁמְרָה	נֶעֶזְבָה	נִשְׁאֲלָה
we	נִשְׁמַרְנוּ	נֶעֱזַבְנוּ	נִשְׁאַלְנוּ
you (m.p.)	נִשְׁמַרְתֶּם	נֶעֱזַבְתֶּם	נִשְׁאַלְתֶּם
you (f.p.)	נִשְׁמַרְתֶּן	נֶעֱזַבְתֶּן	נִשְׁאַלְתֶּן
they (m. & f.)	נִשְׁמְרוּ	נֶעֶזְבוּ	נִשְׁאֲלוּ
Future			
I	אֶשָּׁמֵר	אֵעָזֵב	אֶשָּׁאֵל
you (m.s.)	תִּשָּׁמֵר	תֵּעָזֵב	תִּשָּׁאֵל
you (f.s.)	תִּשָּׁמְרִי	תֵּעָזְבִי	תִּשָּׁאֲלִי
he	יִשָּׁמֵר	יֵעָזֵב	יִשָּׁאֵל
she	תִּשָּׁמֵר	תֵּעָזֵב	תִּשָּׁאֵל
we	נִשָּׁמֵר	נֵעָזֵב	נִשָּׁאֵל
you (m.p.)	תִּשָּׁמְרוּ	תֵּעָזְבוּ	תִּשָּׁאֲלוּ
you (f.p.)	תִּשָּׁמַרְנָה	תֵּעָזַבְנָה	תִּשָּׁאַלְנָה
they (m.)	יִשָּׁמְרוּ	יֵעָזְבוּ	יִשָּׁאֲלוּ
they (f.)	תִּשָּׁמַרְנָה	תֵּעָזַבְנָה	תִּשָּׁאַלְנָה
Imperative			
m.s.	הִשָּׁמֵר	הֵעָזֵב	הִשָּׁאֵל
f.s.	הִשָּׁמְרִי	הֵעָזְבִי	הִשָּׁאֲלִי
m.p.	הִשָּׁמְרוּ	הֵעָזְבוּ	הִשָּׁאֲלוּ
f.p.	הִשָּׁמַרְנָה	הֵעָזַבְנָה	הִשָּׁאַלְנָה
Infinitive			
	לְהִשָּׁמֵר	לְהֵעָזֵב	לְהִשָּׁאֵל

4. ל gutt.[4] (ה ח ע) שלח (to send)	5. פ"י[5] ילד (to bear a child)	6. פ"נ[6,11] נצל (to save)	7. (ע"י ע"ו)[7,11] כון (to be prepared)
Present			
נִשְׁלָח	נוֹלָד	נִצָּל	נָכוֹן
נִשְׁלַחַת	נוֹלֶדֶת	נִצֶּלֶת	נְכוֹנָה
נִשְׁלָחִים	נוֹלָדִים	נִצָּלִים	נְכוֹנִים
נִשְׁלָחוֹת	נוֹלָדוֹת	נִצָּלוֹת	נְכוֹנוֹת
Past			
נִשְׁלַחְתִּי	נוֹלַדְתִּי	נִצַּלְתִּי	נְכוּנוֹתִי
נִשְׁלַחְתָּ	נוֹלַדְתָּ	נִצַּלְתָּ	נְכוּנוֹתָ
נִשְׁלַחַתְּ	נוֹלַדְתְּ	נִצַּלְתְּ	נְכוּנוֹת
נִשְׁלַח	נוֹלַד	נִצַּל	נָכוֹן
נִשְׁלְחָה	נוֹלְדָה	נִצְּלָה	נָכוֹנָה
נִשְׁלַחְנוּ	נוֹלַדְנוּ	נִצַּלְנוּ	נְכוּנוֹנוּ
נִשְׁלַחְתֶּם	נוֹלַדְתֶּם	נִצַּלְתֶּם	נְכוּנוֹתֶם
נִשְׁלַחְתֶּן	נוֹלַדְתֶּן	נִצַּלְתֶּן	נְכוּנוֹתֶן
נִשְׁלְחוּ	נוֹלְדוּ	נִצְּלוּ	נָכוֹנוּ
Future			
אֶשָּׁלַח	אֶוָּלֵד	אֶנָּצֵל	אֶכּוֹן
תִּשָּׁלַח	תִּוָּלֵד	תִּנָּצֵל	תִּכּוֹן
תִּשָּׁלְחִי	תִּוָּלְדִי	תִּנָּצְלִי	תִּכּוֹנִי
יִשָּׁלַח	יִוָּלֵד	יִנָּצֵל	יִכּוֹן
תִּשָּׁלַח	תִּוָּלֵד	תִּנָּצֵל	תִּכּוֹן
נִשָּׁלַח	נִוָּלֵד	נִנָּצֵל	נִכּוֹן
תִּשָּׁלְחוּ	תִּוָּלְדוּ	תִּנָּצְלוּ	תִּכּוֹנוּ
תִּשָּׁלַחְנָה	תִּוָּלַדְנָה	תִּנָּצַלְנָה	תִּכּוֹנָּה
יִשָּׁלְחוּ	יִוָּלְדוּ	יִנָּצְלוּ	יִכּוֹנוּ
תִּשָּׁלַחְנָה	תִּוָּלַדְנָה	תִּנָּצַלְנָה	תִּכּוֹנָּה
Imperative			
הִשָּׁלַח	הִוָּלֵד	הִנָּצֵל	הִכּוֹן
הִשָּׁלְחִי	הִוָּלְדִי	הִנָּצְלִי	הִכּוֹנִי
הִשָּׁלְחוּ	הִוָּלְדוּ	הִנָּצְלוּ	הִכּוֹנוּ
הִשָּׁלַחְנָה	הִוָּלַדְנָה	הִנָּצַלְנָה	הִכּוֹנָּה
Infinitive			
לְהִשָּׁלַח	לְהִוָּלֵד	לְהִנָּצֵל	לְהִכּוֹן

8. ע"ע[8]	9. ל"א[9]	10. ל"ה[10]
סבב (to go round)	קרא (to read, call)	בנה (to build)

Present

נָסַב	נִקְרָא	נִבְנֶה
נָסַבָּה	נִקְרָאת	נִבְנֵית (נִבְנָה)
נְסַבִּים	נִקְרָאִים	נִבְנִים
נְסַבּוֹת	נִקְרָאוֹת	נִבְנוֹת

Past

נְסַבּוֹתִי	נִקְרֵאתִי	נִבְנֵיתִי
נְסַבּוֹתָ	נִקְרֵאתָ	נִבְנֵיתָ
נְסַבּוֹת	נִקְרֵאת	נִבְנֵית
נָסַב	נִקְרָא	נִבְנָה
נָסַבָּה	נִקְרְאָה	נִבְנְתָה (נִבְנֵית)
נְסַבּוֹנוּ	נִקְרֵאנוּ	נִבְנֵינוּ
נְסַבּוֹתֶם	נִקְרֵאתֶם	נִבְנֵיתֶם
נְסַבּוֹתֶן	נִקְרֵאתֶן	נִבְנֵיתֶן
נָסַבּוּ	נִקְרְאוּ	נִבְנוּ

Future

אֶסַּב	אֶקָּרֵא	אֶבָּנֶה
תִּסַּב	תִּקָּרֵא	תִּבָּנֶה
תִּסַּבִּי	תִּקָּרְאִי	תִּבָּנִי
יִסַּב	יִקָּרֵא	יִבָּנֶה
תִּסַּב	תִּקָּרֵא	תִּבָּנֶה
נִסַּב	נִקָּרֵא	נִבָּנֶה
תִּסַּבּוּ	תִּקָּרְאוּ	תִּבָּנוּ
תִּסַּבְנָה (תִּסַּבֶּינָה)	תִּקָּרֶאנָה	תִּבָּנֶינָה
יִסַּבּוּ	יִקָּרְאוּ	יִבָּנוּ
תִּסַּבְנָה (תִּסַּבֶּינָה)	תִּקָּרֶאנָה	תִּבָּנֶינָה

Imperative

הִסַּב	הִקָּרֵא	הִבָּנֶה
הִסַּבִּי	הִקָּרְאִי	הִבָּנִי
הִסַּבּוּ	הִקָּרְאוּ	הִבָּנוּ
הִסַּבְנָה (הִסַּבֶּינָה)	הִקָּרֶאנָה	הִבָּנֶינָה

Infinitive

לְהִסַּב	לְהִקָּרֵא	לְהִבָּנוֹת

[1] (a) See chapter 3, section 3, for the basic meaning of the niph'al.

   (b) As its name shows, נִפְעַל is characterized by an initial נ.

   (c) With exceptions shown in the table and described below:-

   (i)   In the future, imperative and infinitive the נ is omitted and a strong dagesh is placed in the first radical to compensate for its omission.

(ii) The third pers. masc. sing. past takes a pataḥ while the masc. sing. of the present tense takes a qamats (compare נִשְׁמַר (past) with נִשְׁמָר (present).

(iii) In the present the second syllable usually retains the qamats in the plural, e.g. נִשְׁמָרִים/נִשְׁמָרוֹת.

(iv) The preformative letters in all tenses take a ḥiriq except the א in the first pers. future, which takes a segol. (In rare cases it is found with a ḥiriq.)

(v) In the second and third pers. fem. plur. future, the second radical takes a pataḥ while in the other persons which take a full vowel in that position, the vowel is tsere.

2 (a) In the present and the past a ḥ^a^ṭaph segol replaces the sheva of regular verbs (except in נֶעֶזְבָה and נֶעֶזְבוּ), and the prefix נ is pointed with the distinctive vowel of the ḥ^a^ṭaph.

(b) Frequently with ח and occasionally with ה the sheva is maintained, e.g. נֶחְמָד , נֶהְדָּר, from הדר (to honour) and חמד (to covet).

(c) In the future, imperative and infinitive the dagesh of the first radical is omitted and the ḥiriq is lengthened to tsere to compensate for the omission of the dagesh.

3 The guttural takes a ḥ^a^ṭaph instead of a sheva in:
נִשְׁאֲלָה, נִשְׁאֲלוּ ; תִּשָּׁאֲלִי, תִּשָּׁאֲלוּ, יִשָּׁאֲלוּ ; הִשָּׁאֲלִי, הִשָּׁאֲלוּ.

4 (a) Note נִשְׁלַחַתְּ instead of נִשְׁמַרְתְּ (past).

(b) In the future, imperative and infinitive the second radical takes a pataḥ instead of a tsere.

5 (a) The initial י becomes ו. In the present and past the ו is used as a vowel but in the other tenses it is used as a consonant. The verb ירה (to shoot) keeps the י in the future, e.g. יִיָּרֶה (see below, note 10 (e)). The verb יגה (to grieve) has a shuruq in the present, thus נוּגֶה, נוּגָה, נוּגִים, נוּגוֹת.

(b) If the second radical is a guttural, e.g. יאש (to despair), a ḥ^a^ṭaph pataḥ replaces the sheva in: נוֹאֲשָׁה/נוֹאֲשׁוּ (past), יִוָּאֲשׁוּ/תִּוָּאֲשׁוּ תִּוָּאֲשִׁי (future), הִוָּאֲשׁוּ/הִוָּאֲשִׁי (imperative).

(c) If the third radical is a guttural, e.g. יכח (to prove), the present fem. sing. will be נוֹכַחַת instead of נוֹכֶחֶת.
In the other tenses a pataḥ replaces the tsere, e.g. אִוָּכַח, הִוָּכַח, לְהִוָּכַח.

(d) יצת (to burn) and יצב (to stand up) are conjugated like the פ"נ verbs (see below, note 6) in past and present niph'al. They have no fut. niph'al.

6 (a) There is a dagesh in the second radical because the first radical נ is elided. However, if the second radical is a guttural, e.g. נער (to shake), the נ is usually retained, e.g. נִנְעַרְתָּ, נִנְעַרְתִּי etc. (Note, however, the verb נחם (to regret) where the נ is omitted, e.g. נִחַמְתִּי).

(b) The future, imperative and infinitive are identical with the conjugation of the regular verbs.

7 (a) In some verbs a shuruq is used in certain forms of the present as well as a ḥolam. Thus, from the root בוך (to be perplexed), נְבוּכָה נְבוּכִים נְבוּכוֹת or נְבוֹכָה נְבוֹכִים נְבוֹכוֹת. The form with shuruq corresponds to the passive participle of the qal regular verbs (see chapter 4, section C).

(b) The third pers. past niph‘al of מול (to circumcise) is נִמּוֹל (not נָמוֹל), of עור (to awaken) is נֵעוֹר with a tsere because of the guttural. Some verbs have the two forms, e.g. נִדּוֹן/נָדוֹן, from דון (to judge).

(c) The niph‘al of the ע"ו is rarely used in Modern Hebrew except for the present tense of some verbs which are used as adjectives or adverbs,
e.g. דְּבָרִים נְכוֹנִים = correct words (adj.)
דִּבֵּר נְכוֹנָה = he spoke correctly (adv.)

(d) The niph‘al conjugation of the ע"י verbs is identical with that of the ע"ו.

8 (a) In the present tense the masc. sing. of the roots חנן (to be merciful), מסס (to melt) and קלל (to be light) are: נָקֵל, נָמֵס, נֵחָן.

(b) There is a tendency to conjugate the niph‘al of the ע"ע verbs like the regular verbs, e.g. כלל (to include):
נִכְלָל (pres.), נִכְלַלְתִּי (past), אֶכָּלֵל (fut.), הִכָּלֵל (imp.), לְהִכָּלֵל (inf.).

9 (a) If the first radical is a guttural, the vowels are adjusted. Thus the past tense of the root חבא (to hide) is as follows:
נַחְבֵּאתִי נַחְבֵּאתָ נֶחְבָּא נַחְבֵּאנוּ נַחְבֵּאתֶם נֶחְבְּאוּ
and the future of the verb רפא (to heal) is as follows:
אֵרָפֵא תֵּרָפֵא יֵרָפֵא נֵרָפֵא תֵּרָפְאוּ יֵרָפְאוּ

(b) The verb נשׂא (to lift) is both פ"נ and ל"א and its conjugation has the characteristics of both, e.g.
נִשָּׂא (pres.), נִשָּׂא (past), יִנָּשֵׂא (fut.), הִנָּשֵׂא (imp.), לְהִנָּשֵׂא (inf.).
(The initial נ is elided (hence the dagesh in the second radical), and the vowel of the second radical is the same as that of the ל"א verbs.)

(c) The verb ירא (to fear) is both פ"י and ל"א and its conjugation has the characteristics of both, e.g.
נוֹרָא (pres.), נוֹרָא (past), יִוָּרֵא (fut.), הִוָּרֵא (imp.), לְהִוָּרֵא (inf.).

10 (a) The present tense fem. sing. has two forms, נִבְנֵית and נִבְנָה. However נִבְנֵית has displaced נִבְנָה in the present tense.

(b) The third pers. fem. sing. past has two forms but נִבְנְתָה is the more common.

(c) The first pers. plur. past has a ḥiriq instead of the tsere of the other persons.

(d) If the first radical is a guttural some adjustments in vocalization take place, e.g. נֶעֱשֶׂה (present), נַעֲשָׂה (past), יֵעָשֶׂה (future), הֵעָשֵׂה (imperative), לְהֵעָשׂוֹת (infinitive). But the third pers. fem. sing. past is נֶעֶשְׂתָה.

(e) The verb ירה (to shoot) is both a פ"י and a ל"ה and its conjugation has the characteristics of both, e.g. נוֹרֶה (present), נוֹרָה (past), יִיָּרֶה (future), הִיָּרֵה (imperative), לְהִיָּרוֹת (infinitive), (see above, note 5 (a)).

11 The verbs נצל and כון, nos. 6 and 7 in the table, are not used in the qal. Nor are יאשׁ, יכח, יגה, יצב (note 5 above); נחם (note 6); בוך (note 7); מסס (note 8); חבא (note 9).

CHAPTER 9

The pi'el conjugation (בִּנְיַן פִּעֵל)

	1. שְׁלֵמִים לִמֵּד (to teach)	2. ע gutt. (and ר) באר (to explain)	3. ל gutt. שלח (to send)
Present			
m.s.	מְלַמֵּד	מְבָאֵר	מְשַׁלֵּחַ
f.s.	מְלַמֶּדֶת	מְבָאֶרֶת	מְשַׁלַּחַת
m.p.	מְלַמְּדִים	מְבָאֲרִים	מְשַׁלְּחִים
f.p.	מְלַמְּדוֹת	מְבָאֲרוֹת	מְשַׁלְּחוֹת
Past			
I	לִמַּדְתִּי	בֵּאַרְתִּי	שִׁלַּחְתִּי
you (m.s.)	לִמַּדְתָּ	בֵּאַרְתָּ	שִׁלַּחְתָּ
you (f.s.)	לִמַּדְתְּ	בֵּאַרְתְּ	שִׁלַּחַתְּ
he	לִמֵּד	בֵּאֵר	שִׁלַּח
she	לִמְּדָה	בֵּאֲרָה	שִׁלְּחָה
we	לִמַּדְנוּ	בֵּאַרְנוּ	שִׁלַּחְנוּ
you (m.p.)	לִמַּדְתֶּם	בֵּאַרְתֶּם	שִׁלַּחְתֶּם
you (f.p.)	לִמַּדְתֶּן	בֵּאַרְתֶּן	שִׁלַּחְתֶּן
they (m. & f.)	לִמְּדוּ	בֵּאֲרוּ	שִׁלְּחוּ
Future			
I	אֲלַמֵּד	אֲבָאֵר	אֲשַׁלַּח
you (m.s.)	תְּלַמֵּד	תְּבָאֵר	תְּשַׁלַּח
you (f.s.)	תְּלַמְּדִי	תְּבָאֲרִי	תְּשַׁלְּחִי
he	יְלַמֵּד	יְבָאֵר	יְשַׁלַּח
she	תְּלַמֵּד	תְּבָאֵר	תְּשַׁלַּח
we	נְלַמֵּד	נְבָאֵר	נְשַׁלַּח
you (m.p.)	תְּלַמְּדוּ	תְּבָאֲרוּ	תְּשַׁלְּחוּ
you (f.p.)	תְּלַמֵּדְנָה	תְּבָאֵרְנָה	תְּשַׁלַּחְנָה
they (m.)	יְלַמְּדוּ	יְבָאֲרוּ	יְשַׁלְּחוּ
they (f.)	תְּלַמֵּדְנָה	תְּבָאֵרְנָה	תְּשַׁלַּחְנָה
Imperative			
m.s.	לַמֵּד	בָּאֵר	שַׁלַּח
f.s.	לַמְּדִי	בָּאֲרִי	שַׁלְּחִי
m.p.	לַמְּדוּ	בָּאֲרוּ	שַׁלְּחוּ
f.p.	לַמֵּדְנָה	בָּאֵרְנָה	שַׁלַּחְנָה
Infinitive			
	לְלַמֵּד	לְבָאֵר	לְשַׁלֵּחַ

4. פ"נ נצל (to save)	5. ל"א מלא (to fill)	6. ל"ה חכה (to wait)	7. Quadriliterals תרגם (to translate)
Present			
מְנַצֵּל	מְמַלֵּא	מְחַכֶּה	מְתַרְגֵּם
מְנַצֶּלֶת	מְמַלֵּאת	מְחַכָּה	מְתַרְגֶּמֶת
מְנַצְּלִים	מְמַלְּאִים	מְחַכִּים	מְתַרְגְּמִים
מְנַצְּלוֹת	מְמַלְּאוֹת	מְחַכּוֹת	מְתַרְגְּמוֹת
Past			
נִצַּלְתִּי	מִלֵּאתִי	חִכִּיתִי	תִּרְגַּמְתִּי
נִצַּלְתָּ	מִלֵּאתָ	חִכִּיתָ	תִּרְגַּמְתָּ
נִצַּלְתְּ	מִלֵּאת	חִכִּית	תִּרְגַּמְתְּ
נִצֵּל	מִלֵּא	חִכָּה	תִּרְגֵּם
נִצְּלָה	מִלְּאָה	חִכְּתָה	תִּרְגְּמָה
נִצַּלְנוּ	מִלֵּאנוּ	חִכִּינוּ	תִּרְגַּמְנוּ
נִצַּלְתֶּם	מִלֵּאתֶם	חִכִּיתֶם	תִּרְגַּמְתֶּם
נִצַּלְתֶּן	מִלֵּאתֶן	חִכִּיתֶן	תִּרְגַּמְתֶּן
נִצְּלוּ	מִלְּאוּ	חִכּוּ	תִּרְגְּמוּ
Future			
אֲנַצֵּל	אֲמַלֵּא	אֲחַכֶּה	אֲתַרְגֵּם
תְּנַצֵּל	תְּמַלֵּא	תְּחַכֶּה	תְּתַרְגֵּם
תְּנַצְּלִי	תְּמַלְּאִי	תְּחַכִּי	תְּתַרְגְּמִי
יְנַצֵּל	יְמַלֵּא	יְחַכֶּה	יְתַרְגֵּם
תְּנַצֵּל	תְּמַלֵּא	תְּחַכֶּה	תְּתַרְגֵּם
נְנַצֵּל	נְמַלֵּא	נְחַכֶּה	נְתַרְגֵּם
תְּנַצְּלוּ	תְּמַלְּאוּ	תְּחַכּוּ	תְּתַרְגְּמוּ
תְּנַצֵּלְנָה	תְּמַלֶּאנָה	תְּחַכֶּינָה	תְּתַרְגֵּמְנָה
יְנַצְּלוּ	יְמַלְּאוּ	יְחַכּוּ	יְתַרְגְּמוּ
תְּנַצֵּלְנָה	תְּמַלֶּאנָה	תְּחַכֶּינָה	תְּתַרְגֵּמְנָה
Imperative			
נַצֵּל	מַלֵּא	חַכֵּה	תַּרְגֵּם
נַצְּלִי	מַלְּאִי	חַכִּי	תַּרְגְּמִי
נַצְּלוּ	מַלְּאוּ	חַכּוּ	תַּרְגְּמוּ
נַצֵּלְנָה	מַלֶּאנָה	חַכֶּינָה	תַּרְגֵּמְנָה
Infinitive			
לְנַצֵּל	לְמַלֵּא	לְחַכּוֹת	לְתַרְגֵּם

NOTES

1. The dagesh in the second radical characterizes the pi‘el.
2. (a) If the second radical is a guttural, it does not carry a dagesh. By way of compensation, especially if the second radical is א or ר , the first radical takes a tsere in the past instead of a ḥiriq and in all the other tenses the pataḥ is replaced by a qamats, e.g. באר (to explain), ברך (to bless):
מְבָאֵר (pres.), בֵּאַרְתִּי (past), אֲבָאֵר (fut.), בָּאֵר (imp.), לְבָאֵר (inf.)
מְבָרֵךְ בֵּרַכְתִּי אֲבָרֵךְ בָּרֵךְ לְבָרֵךְ
(b) When the second radical is ה , ח or ע the ḥiriq and pataḥ are usually retained, e.g. רחם (to pity):
מְרַחֵם (pres.), רִחַמְתִּי (past), אֲרַחֵם (fut.), רַחֵם (imp.), לְרַחֵם (inf.).
In one case, at least, the ḥiriq is retained before the א, viz. נִאֵץ (to revile).
3. If the third radical is ח or ע, then, usually, the tsere of the second radical is modified to a pataḥ, e.g.
שִׁלַּח (past), יְשַׁלַּח (fut.), שַׁלַּח (imp.), לְשַׁלַּח (inf.). (Pi‘el = to send away.)
4. (a) The פ"נ pi‘el is identical with the pi‘el of the regular verb.
(b) The past tense of its pi‘el is identical with that of its niph‘al, (see chapter 8, note 6) with the exception of the third pers. masc. sing. past which is נִצֵּל (instead of נִצַּל in the niph‘al). (Sometimes even this difference is not maintained.)
5. The פ"י verbs are conjugated in the pi‘el like the regular verbs.
6. *The ע"ו verbs.*
Some ע"ו verbs retain the medial ו in the pi‘el and are conjugated like the regular verbs, e.g.
מְכַוֵּן (pres.), כִּוֵּן (past), יְכַוֵּן (fut.), כַּוֵּן (imp.), לְכַוֵּן (inf.). (Pi‘el = to aim.)
Others replace the ו with a י and are conjugated like the regular verbs, e.g.
קום : מְקַיֵּם (pres.), קִיֵּם (past), יְקַיֵּם (fut.), קַיֵּם (imp.), לְקַיֵּם (inf.).
(Pi‘el = to fulfil.)
7. *The ע"י verbs.*
The ע"י pi‘el is conjugated like the regular verbs, e.g. סִיֵּם (to end):
מְסַיֵּם (pres.), סִיֵּם (past), יְסַיֵּם (fut.), סַיֵּם (imp.), לְסַיֵּם (inf.).
8. *The ע"ע verbs.*
The ע"ע pi‘el is conjugated like the regular verbs, e.g. קִלֵּל (to curse):
מְקַלֵּל (pres.), קִלֵּל (past), יְקַלֵּל (fut.), קַלֵּל (imp.), לְקַלֵּל (inf.).
9. The pi‘el conjugation of the ל"א verbs is similar to the pi‘el conjugation of the regular verbs except for the following differences:
(a) In the present tense fem. sing., the second radical takes a tsere instead of a segol and the third radical is silent, (compare מְמַלֵּאת with מְדַבֶּרֶת , from דבר , to speak).
(b) In the past, the second radical takes a tsere instead of a pataḥ, (compare מִלֵּאתִי with דִּבַּרְתִּי). The third pers. sing. and plur. have the same form as the regular verb.
(c) In the future second and third pers. fem. plur., the second radical takes a segol instead of a tsere and the third radical is silent, (compare תְּמַלֶּאנָה with תְּדַבֵּרְנָה).
(d) In the imperative fem. plur. the second radical takes a segol instead of a tsere and the third radical is silent, (compare מַלֶּאנָה with דַּבֵּרְנָה).
10. In the past of ל"ה verbs, the second radical is sometimes found pointed

with a tsere, e.g. צִוֵּיתִי etc., from צִוָּה (to command).

11. The verbs באר, נצל and חכה (nos. 2, 4 and 6 in the table) are not used in the qal. Nor are סים, קלל, צוה (notes 7, 8 and 10 above).

12. (i) Quadriliteral verbs are of various types. The most common are:
(a) verbs that have 4 different radicals, e.g. תרגם (to translate) פרסם (to publish) etc.
(b) verbs whose third radical is reduplicated, e.g. אִוְרֵר (to ventilate) (this group is known as פִּעְלֵל).
(c) verbs two of whose radicals are reduplicated, e.g. צלצל (to ring), etc. (this group is known as פִּלְפֵּל).

(ii) Quadriliteral verbs are found in the pi'el pu'al and hithpa'el only.

(iii) The pi'el of the quadriliterals is similar to the pi'el conjugation of the regular verbs with the difference that they have 4 radicals instead of three and that there is no dagesh in the second root letter.

CHAPTER 10

The pu'al conjugation (בִּנְיַן פֻּעַל)

1. שְׁלֵמִים   2. ע gutt. (or ר)

סדר(to put in order)   ברך(to bless)

Present

m.s.	מְסֻדָּר	מְבֹרָךְ
f.s.	מְסֻדֶּרֶת	מְבֹרֶכֶת
m.p.	מְסֻדָּרִים	מְבֹרָכִים
f.p.	מְסֻדָּרוֹת	מְבֹרָכוֹת

Past

I	סֻדַּרְתִּי	בֹּרַכְתִּי
you (m.s.)	סֻדַּרְתָּ	בֹּרַכְתָּ
you (f.s.)	סֻדַּרְתְּ	בֹּרַכְתְּ
he	סֻדַּר	בֹּרַךְ
she	סֻדְּרָה	בֹּרְכָה
we	סֻדַּרְנוּ	בֹּרַכְנוּ
you (m.p.)	סֻדַּרְתֶּם	בֹּרַכְתֶּם
you (f.p.)	סֻדַּרְתֶּן	בֹּרַכְתֶּן
they (m. & f.)	סֻדְּרוּ	בֹּרְכוּ

Future

I	אֲסֻדַּר	אֲבֹרַךְ
you (m.s.)	תְּסֻדַּר	תְּבֹרַךְ
you (f.s.)	תְּסֻדְּרִי	תְּבֹרְכִי
he	יְסֻדַּר	יְבֹרַךְ
she	תְּסֻדַּר	תְּבֹרַךְ
we	נְסֻדַּר	נְבֹרַךְ
you (m.p.)	תְּסֻדְּרוּ	תְּבֹרְכוּ
you (f.p.)	תְּסֻדַּרְנָה	תְּבֹרַכְנָה
they (m.)	יְסֻדְּרוּ	יְבֹרְכוּ
they (f.)	תְּסֻדַּרְנָה	תְּבֹרַכְנָה

3. ל"א	4. ל"ה	5. Quadriliterals
מלא (to be full)	גלה (to uncover)	תרגם (to translate)

Present

מְמֻלָּא	מְגֻלֶּה	מְתֻרְגָּם
מְמֻלֵּאת	מְגֻלָּה	מְתֻרְגֶּמֶת
מְמֻלָּאִים	מְגֻלִּים	מְתֻרְגָּמִים
מְמֻלָּאוֹת	מְגֻלּוֹת	מְתֻרְגָּמוֹת

Past

מֻלֵּאתִי	גֻּלֵּיתִי	תֻּרְגַּמְתִּי
מֻלֵּאתָ	גֻּלֵּיתָ	תֻּרְגַּמְתָּ
מֻלֵּאת	גֻּלֵּית	תֻּרְגַּמְתְּ
מֻלָּא	גֻּלָּה	תֻּרְגַּם
מֻלְּאָה	גֻּלְּתָה	תֻּרְגְּמָה
מֻלֵּאנוּ	גֻּלֵּינוּ	תֻּרְגַּמְנוּ
מֻלֵּאתֶם	גֻּלֵּיתֶם	תֻּרְגַּמְתֶּם
מֻלֵּאתֶן	גֻּלֵּיתֶן	תֻּרְגַּמְתֶּן
מֻלְּאוּ	גֻּלּוּ	תֻּרְגְּמוּ

Future

אֲמֻלָּא	אֲגֻלֶּה	אֲתֻרְגַּם
תְּמֻלָּא	תְּגֻלֶּה	תְּתֻרְגַּם
תְּמֻלְּאִי	תְּגֻלִּי	תְּתֻרְגְּמִי
יְמֻלָּא	יְגֻלֶּה	יְתֻרְגַּם
תְּמֻלָּא	תְּגֻלֶּה	תְּתֻרְגַּם
נְמֻלָּא	נְגֻלֶּה	נְתֻרְגַּם
תְּמֻלְּאוּ	תְּגֻלּוּ	תְּתֻרְגְּמוּ
תְּמֻלֶּאנָה	תְּגֻלֶּינָה	תְּתֻרְגַּמְנָה
יְמֻלְּאוּ	יְגֻלּוּ	יְתֻרְגְּמוּ
תְּמֻלֶּאנָה	תְּגֻלֶּינָה	תְּתֻרְגַּמְנָה

NOTES

1. (a) The pu'al has no imperative or infinitive.
   (b) The pu'al, like the pi'el, has a strong dagesh in the second root letter but the first radical takes a qubbuts instead of a ḥiriq.
2.   If the second radical is א, ע, ר the dagesh is omitted from the second radical and the first radical is vocalized with a ḥolam instead of qubbuts, e.g.מְבֹרָךְ(present), בֹּרַךְ(past), יְבֹרַךְ(future). But if the second radical is a ה or ח the qubbuts is frequently retained (but, of course, theה/ח does not take a dagesh), e.g.מְרֻחָם(present), רֻחַם(past), יְרֻחַם(future).
3.   פ"י and פ"נ verbs are conjugated in the pu'al like the regular verbs.
4.   The ע"ו verbs.
   Some ע"ו verbs retain the medial ו and are conjugated like the regular verbs, e.g. מְכֻוָּן (present), כֻּוַּן (past), יְכֻוַּן (future). Others replace the ו by

a י and are conjugated like the regular verbs, e.g. מְקֻיָּם (present), קֻיַּם (past), יְקֻיַּם (future).

5. *The* ע"י *verbs.*
The ע"י verbs are conjugated like the regular verbs, e.g. מְסֻיָּם (present), סֻיַּם (past), יְסֻיַּם (future).

6. *The* ע"ע *verbs.*
The ע"ע verbs are conjugated like the regular verbs, e.g. מְקֻלָּל (present), קֻלַּל (past), יְקֻלַּל (future).

7. In the past pu‘al of ל"ה verbs, the distinctive vowel is tsere under the second radical (e.g. גֻּלֵּיתִי) apart from the first pers. plur. which frequently has a ḥiriq (e.g. גֻּלִּינוּ).

8. The pu‘al conjugation of the quadriliteral verbs is similar to the conjugation of the regular verbs with the difference that there are four radicals instead of three and that there is no dagesh in the second root letter (see chapter 9, note 12).

CHAPTER 11

The hithpa'el conjugation (בִּנְיַן הִתְפַּעֵל)

	1. שְׁלֵמִים לבשׁ (to dress)	2. ע gutt. פאר (to glorify)	3. ל gutt. גלח (to shave)
Present			
m.s.	מִתְלַבֵּשׁ	מִתְפָּאֵר	מִתְגַּלֵּחַ
f.s.	מִתְלַבֶּשֶׁת	מִתְפָּאֶרֶת	מִתְגַּלַּחַת
m.p.	מִתְלַבְּשִׁים	מִתְפָּאֲרִים	מִתְגַּלְּחִים
f.p.	מִתְלַבְּשׁוֹת	מִתְפָּאֲרוֹת	מִתְגַּלְּחוֹת
Past			
I	הִתְלַבַּשְׁתִּי	הִתְפָּאַרְתִּי	הִתְגַּלַּחְתִּי
you (m.s.)	הִתְלַבַּשְׁתָּ	הִתְפָּאַרְתָּ	הִתְגַּלַּחְתָּ
you (f.s.)	הִתְלַבַּשְׁתְּ	הִתְפָּאַרְתְּ	הִתְגַּלַּחַתְּ
he	הִתְלַבֵּשׁ	הִתְפָּאֵר	הִתְגַּלֵּחַ
she	הִתְלַבְּשָׁה	הִתְפָּאֲרָה	הִתְגַּלְּחָה
we	הִתְלַבַּשְׁנוּ	הִתְפָּאַרְנוּ	הִתְגַּלַּחְנוּ
you (m.p.)	הִתְלַבַּשְׁתֶּם	הִתְפָּאַרְתֶּם	הִתְגַּלַּחְתֶּם
you (f.p.)	הִתְלַבַּשְׁתֶּן	הִתְפָּאַרְתֶּן	הִתְגַּלַּחְתֶּן
they (m. & f.)	הִתְלַבְּשׁוּ	הִתְפָּאֲרוּ	הִתְגַּלְּחוּ
Future			
I	אֶתְלַבֵּשׁ	אֶתְפָּאֵר	אֶתְגַּלֵּחַ
you (m.s.)	תִּתְלַבֵּשׁ	תִּתְפָּאֵר	תִּתְגַּלֵּחַ
you (f.s.)	תִּתְלַבְּשִׁי	תִּתְפָּאֲרִי	תִּתְגַּלְּחִי
he	יִתְלַבֵּשׁ	יִתְפָּאֵר	יִתְגַּלֵּחַ
she	תִּתְלַבֵּשׁ	תִּתְפָּאֵר	תִּתְגַּלֵּחַ
we	נִתְלַבֵּשׁ	נִתְפָּאֵר	נִתְגַּלֵּחַ
you (m.p.)	תִּתְלַבְּשׁוּ	תִּתְפָּאֲרוּ	תִּתְגַּלְּחוּ
you (f.p.)	תִּתְלַבֵּשְׁנָה	תִּתְפָּאֵרְנָה	תִּתְגַּלַּחְנָה
they (m.)	יִתְלַבְּשׁוּ	יִתְפָּאֲרוּ	יִתְגַּלְּחוּ
they (f.)	תִּתְלַבֵּשְׁנָה	תִּתְפָּאֵרְנָה	תִּתְגַּלַּחְנָה
Imperative			
m.s.	הִתְלַבֵּשׁ	הִתְפָּאֵר	הִתְגַּלַּח
f.s.	הִתְלַבְּשִׁי	הִתְפָּאֲרִי	הִתְגַּלְּחִי
m.p.	הִתְלַבְּשׁוּ	הִתְפָּאֲרוּ	הִתְגַּלְּחוּ
f.p.	הִתְלַבֵּשְׁנָה	הִתְפָּאֵרְנָה	הִתְגַּלַּחְנָה
Infinitive			
	לְהִתְלַבֵּשׁ	לְהִתְפָּאֵר	לְהִתְגַּלֵּחַ

4. ל"א	5. ל"ה	6. Quadriliterals
חבא (to hide)	גלה (to uncover)	בלבל (to confuse)

Present

מִתְחַבֵּא	מִתְגַּלֶּה	מִתְבַּלְבֵּל
מִתְחַבֵּאת	מִתְגַּלָּה	מִתְבַּלְבֶּלֶת
מִתְחַבְּאִים	מִתְגַּלִּים	מִתְבַּלְבְּלִים
מִתְחַבְּאוֹת	מִתְגַּלוֹת	מִתְבַּלְבְּלוֹת

Past

הִתְחַבֵּאתִי	הִתְגַּלֵּיתִי	הִתְבַּלְבַּלְתִּי
הִתְחַבֵּאתָ	הִתְגַּלֵּיתָ	הִתְבַּלְבַּלְתָּ
הִתְחַבֵּאת	הִתְגַּלֵּית	הִתְבַּלְבַּלְתְּ
הִתְחַבֵּא	הִתְגַּלָּה	הִתְבַּלְבֵּל
הִתְחַבְּאָה	הִתְגַּלְּתָה	הִתְבַּלְבְּלָה
הִתְחַבֵּאנוּ	הִתְגַּלֵּינוּ	הִתְבַּלְבַּלְנוּ
הִתְחַבֵּאתֶם	הִתְגַּלֵּיתֶם	הִתְבַּלְבַּלְתֶּם
הִתְחַבֵּאתֶן	הִתְגַּלֵּיתֶן	הִתְבַּלְבַּלְתֶּן
הִתְחַבְּאוּ	הִתְגַּלּוּ	הִתְבַּלְבְּלוּ

Future

אֶתְחַבֵּא	אֶתְגַּלֶּה	אֶתְבַּלְבֵּל
תִּתְחַבֵּא	תִּתְגַּלֶּה	תִּתְבַּלְבֵּל
תִּתְחַבְּאִי	תִּתְגַּלִּי	תִּתְבַּלְבְּלִי
יִתְחַבֵּא	יִתְגַּלֶּה	יִתְבַּלְבֵּל
תִּתְחַבֵּא	תִּתְגַּלֶּה	תִּתְבַּלְבֵּל
נִתְחַבֵּא	נִתְגַּלֶּה	נִתְבַּלְבֵּל
תִּתְחַבְּאוּ	תִּתְגַּלּוּ	תִּתְבַּלְבְּלוּ
תִּתְחַבֵּאנָה	תִּתְגַּלֶּינָה	תִּתְבַּלְבֵּלְנָה
יִתְחַבְּאוּ	יִתְגַּלּוּ	יִתְבַּלְבְּלוּ
תִּתְחַבֵּאנָה	תִּתְגַּלֶּינָה	תִּתְבַּלְבֵּלְנָה

Imperative

הִתְחַבֵּא	הִתְגַּלֵּה	הִתְבַּלְבֵּל
הִתְחַבְּאִי	הִתְגַּלִּי	הִתְבַּלְבְּלִי
הִתְחַבְּאוּ	הִתְגַּלּוּ	הִתְבַּלְבְּלוּ
הִתְחַבֵּאנָה	הִתְגַּלֶּינָה	הִתְבַּלְבֵּלְנָה

Infinitive

לְהִתְחַבֵּא	לְהִתְגַּלּוֹת	לְהִתְבַּלְבֵּל

NOTES

1. (a) The hithpaʻel conjugation is characterized by a dagesh in the second radical and by the prefix הִתְ. In the future the ה of the prefix הִתְ is elided and only the ת remains. In the present the ת is combined with the letter מ

which is the preformative of the present tense in all the conjugations except qal and niph‘al.

(b) In the past the prefix נִתְ is sometimes used instead of הִתְ. Thus:
נִתְלַבַּשְׁתִּי נִתְלַבַּשְׁתָּ נִתְלַבֵּשׁ נִתְלַבַּשְׁנוּ נִתְלַבַּשְׁתֶּם נִתְלַבְּשׁוּ

2. If the second radical is one of the letters א ע ר, the dagesh is omitted and a qamats replaces the pataḥ, e.g. מִתְבָּרֵךְ (present), הִתְבָּרֵךְ (past), יִתְבָּרֵךְ (future), הִתְבָּרֵךְ (imperative) but if the second radical is either ה or ח the dagesh is omitted but the pataḥ is not lengthened to a qamats, e.g. מִתְנַהֵג , מִתְנַחֵם.

3. If the third radical is either ח or ע the tsere under the second radical is sometimes modified to a pataḥ, e.g. אֶתְגַּלַּח , תִּתְגַּלַּח , יִתְגַּלַּח, and when the tsere is maintained the ח and ע take a furtive pataḥ, e.g. אֶתְגַּלֵּחַ , תִּתְגַּלֵּחַ, יִתְגַּלֵּחַ (see chapter 1, section 7).

4. (a) If the first radical is one of the letters ס, שׁ, שׂ a transposition of letters takes place, e.g. מִסְתַּתֵּר , הִסְתַּתֵּר , יִסְתַּתֵּר , הִסְתַּתֵּר , לְהִסְתַּתֵּר, from root סתר (the first radical is placed between the two preformative letters הת etc.).

(b) If the first radical is a צ the preformative ת becomes ט and transposition takes place, e.g. מִצְטַדֵּק , הִצְטַדֵּק , יִצְטַדֵּק , הִצְטַדֵּק , לְהִצְטַדֵּק (from צדק). If the first radical is a ז the preformative ת becomes a ד and transposition takes place, e.g. מִזְדַּמֵּן, הִזְדַּמֵּן, יִזְדַּמֵּן, הִזְדַּמֵּן, לְהִזְדַּמֵּן (from זמן).

5. The preformative ת is omitted in some verbs whose first radical is a ד a ט or a ת and a dagesh is inserted in the first radical in order to compensate for this omission, e.g. הִדַּבֵּק (הִתְדַּבֵּק), הִטַּהֵר (הִתְטַהֵר), הִתַּמֵּם (הִתְתַּמֵּם).

6. The פ"נ and פ"י verbs are conjugated in the hithpa‘el like the regular verbs.

7. *The* ע"ו *verbs.*
Some ע"ו verbs retain the medial ו in the hithpa‘el and are conjugated like the regular verbs, e.g. מִתְכַּוֵּן , הִתְכַּוֵּן , יִתְכַּוֵּן , הִתְכַּוֵּן , לְהִתְכַּוֵּן.
Others replace the ו by a י and are conjugated like the regular verbs, e.g.
מִתְקַיֵּם , הִתְקַיֵּם , יִתְקַיֵּם , הִתְקַיֵּם , לְהִתְקַיֵּם.

8. The ע"י and ע"ע verbs are conjugated like the regular verbs, e.g.
מִתְפַּיֵּס , הִתְפַּיֵּס , יִתְפַּיֵּס , הִתְפַּיֵּס , לְהִתְפַּיֵּס
מִתְקַלֵּל , הִתְקַלֵּל , יִתְקַלֵּל , הִתְקַלֵּל , לְהִתְקַלֵּל.

9. The hithpa‘el conjugation of the ל"א verbs is like the conjugation of the regular verbs except for the differences mentioned in chapter 9, note 9.

10. In the past of ל"ה verbs, the second radical is occasionally found pointed with a tsere, e.g. הִתְגַּלֵּיתִי , הִתְגַּלֵּיתָ etc.

11. See chapter 9, note 12 as to quadriliteral verbs.

CHAPTER 12

The hiph'il conjugation[1] (בִּנְיַן הִפְעִיל)

	1. שְׁלֵמִים	2. פ gutt.[2]	3. ל gutt.[3]
	זכר (to remember)	עבד (to work)	בטח (to trust)

Present

m.s.	מַזְכִּיר	מַעֲבִיד	מַבְטִיחַ
f.s.	מַזְכִּירָה	מַעֲבִידָה	מַבְטִיחָה
m.p.	מַזְכִּירִים	מַעֲבִידִים	מַבְטִיחִים
f.p.	מַזְכִּירוֹת	מַעֲבִידוֹת	מַבְטִיחוֹת

Past

I	הִזְכַּרְתִּי	הֶעֱבַדְתִּי	הִבְטַחְתִּי
you (m.s.)	הִזְכַּרְתָּ	הֶעֱבַדְתָּ	הִבְטַחְתָּ
you (f.s.)	הִזְכַּרְתְּ	הֶעֱבַדְתְּ	הִבְטַחַתְּ
he	הִזְכִּיר	הֶעֱבִיד	הִבְטִיחַ
she	הִזְכִּירָה	הֶעֱבִידָה	הִבְטִיחָה
we	הִזְכַּרְנוּ	הֶעֱבַדְנוּ	הִבְטַחְנוּ
you (m.p.)	הִזְכַּרְתֶּם	הֶעֱבַדְתֶּם	הִבְטַחְתֶּם
you (f.p.)	הִזְכַּרְתֶּן	הֶעֱבַדְתֶּן	הִבְטַחְתֶּן
they (m. & f.)	הִזְכִּירוּ	הֶעֱבִידוּ	הִבְטִיחוּ

Future

I	אַזְכִּיר	אַעֲבִיד	אַבְטִיחַ
you (m.s.)	תַּזְכִּיר	תַּעֲבִיד	תַּבְטִיחַ
you (f.s.)	תַּזְכִּירִי	תַּעֲבִידִי	תַּבְטִיחִי
he	יַזְכִּיר	יַעֲבִיד	יַבְטִיחַ
she	תַּזְכִּיר	תַּעֲבִיד	תַּבְטִיחַ
we	נַזְכִּיר	נַעֲבִיד	נַבְטִיחַ
you (m.p.)	תַּזְכִּירוּ	תַּעֲבִידוּ	תַּבְטִיחוּ
you (f.p.)	תַּזְכֵּרְנָה	תַּעֲבֵדְנָה	תַּבְטַחְנָה
they (m.)	יַזְכִּירוּ	יַעֲבִידוּ	יַבְטִיחוּ
they (f.)	תַּזְכֵּרְנָה	תַּעֲבֵדְנָה	תַּבְטַחְנָה

Imperative

m.s.	הַזְכֵּר	הַעֲבֵד	הַבְטַח
f.s.	הַזְכִּירִי	הַעֲבִידִי	הַבְטִיחִי
m.p.	הַזְכִּירוּ	הַעֲבִידוּ	הַבְטִיחוּ
f.p.	הַזְכֵּרְנָה	הַעֲבֵדְנָה	הַבְטַחְנָה

Infinitive

	לְהַזְכִּיר	לְהַעֲבִיד	לְהַבְטִיחַ

4. נָחֵי פ"י[4] יטב (to be good)	5. חַסְרֵי פ"י[4] ירד (to go down)	6. פ"נ[5] נצל (to save)
Present		
מֵיטִיב	מוֹרִיד	מַצִּיל
מֵיטִיבָה	מוֹרִידָה	מַצִּילָה
מֵיטִיבִים	מוֹרִידִים	מַצִּילִים
מֵיטִיבוֹת	מוֹרִידוֹת	מַצִּילוֹת
Past		
הֵיטַבְתִּי	הוֹרַדְתִּי	הִצַּלְתִּי
הֵיטַבְתָּ	הוֹרַדְתָּ	הִצַּלְתָּ
הֵיטַבְתְּ	הוֹרַדְתְּ	הִצַּלְתְּ
הֵיטִיב	הוֹרִיד	הִצִּיל
הֵיטִיבָה	הוֹרִידָה	הִצִּילָה
הֵיטַבְנוּ	הוֹרַדְנוּ	הִצַּלְנוּ
הֵיטַבְתֶּם	הוֹרַדְתֶּם	הִצַּלְתֶּם
הֵיטַבְתֶּן	הוֹרַדְתֶּן	הִצַּלְתֶּן
הֵיטִיבוּ	הוֹרִידוּ	הִצִּילוּ
Future		
אֵיטִיב	אוֹרִיד	אַצִּיל
תֵּיטִיב	תּוֹרִיד	תַּצִּיל
תֵּיטִיבִי	תּוֹרִידִי	תַּצִּילִי
יֵיטִיב	יוֹרִיד	יַצִּיל
תֵּיטִיב	תּוֹרִיד	תַּצִּיל
נֵיטִיב	נוֹרִיד	נַצִּיל
תֵּיטִיבוּ	תּוֹרִידוּ	תַּצִּילוּ
תֵּיטֵבְנָה	תּוֹרֵדְנָה	תַּצֵּלְנָה
יֵיטִיבוּ	יוֹרִידוּ	יַצִּילוּ
תֵּיטֵבְנָה	תּוֹרֵדְנָה	תַּצֵּלְנָה
Imperative		
הֵיטֵב	הוֹרֵד	הַצֵּל
הֵיטִיבִי	הוֹרִידִי	הַצִּילִי
הֵיטִיבוּ	הוֹרִידוּ	הַצִּילוּ
הֵיטֵבְנָה	הוֹרֵדְנָה	הַצֵּלְנָה
Infinitive		
לְהֵיטִיב	לְהוֹרִיד	לְהַצִּיל

7. ע״ו[6,7]			8. ע״ע[8]	
קום(to rise)		בוא(to come)	סבב(to surround)	
Present				
מֵקִים			מֵסֵב	
מְקִימָה			מְסִבָּה	
מְקִימִים			מְסִבִּים	
מְקִימוֹת			מְסִבּוֹת	
Past				
הֲקַמְתִּי	(הֲקִימוֹתִי)	הֵבֵאתִי	הֲסַבְתִּי	(הֲסִבּוֹתִי)
הֲקַמְתָּ	(הֲקִימוֹתָ)	הֵבֵאתָ	הֲסַבְתָּ	(הֲסִבּוֹתָ)
הֲקַמְתְּ	(הֲקִימוֹת)	הֵבֵאת	הֲסַבְתְּ	(הֲסִבּוֹת)
הֵקִים	הֵקִים	הֵבִיא	הֵסֵב	הֵסַב
הֵקִימָה	הֵקִימָה	הֵבִיאָה	הֵסֵבָּה	הֵסַבָּה
הֲקַמְנוּ	(הֲקִימוֹנוּ)	הֵבֵאנוּ	הֲסַבְנוּ	(הֲסִבּוֹנוּ)
הֲקַמְתֶּם	(הֲקִימוֹתֶם)	הֲבֵאתֶם	הֲסַבְתֶּם	(הֲסִבּוֹתֶם)
הֲקַמְתֶּן	(הֲקִימוֹתֶן)	הֲבֵאתֶן	הֲסַבְתֶּן	(הֲסִבּוֹתֶן)
הֵקִימוּ	הֵקִימוּ	הֵבִיאוּ	הֵסֵבּוּ	הֵסַבּוּ
Future				
אָקִים			אָסֵב	
תָּקִים			תָּסֵב	
תָּקִימִי			תָּסֵבִּי	
יָקִים			יָסֵב	
תָּקִים			תָּסֵב	
נָקִים			נָסֵב	
תָּקִימוּ			תָּסֵבּוּ	
תָּקֵמְנָה	(תְּקִימֶינָה)		תָּסֵבְנָה	(תְּסִבֶּינָה)
יָקִימוּ			יָסֵבּוּ	
תָּקֵמְנָה	(תְּקִימֶינָה)		תָּסֵבְנָה	(תְּסִבֶּינָה)
Imperative				
הָקֵם			הָסֵב	
הָקִימִי			הָסֵבִּי	
הָקִימוּ			הָסֵבּוּ	
הָקֵמְנָה			הָסֵבְנָה	
Infinitive				
לְהָקִים			לְהָסֵב	

9. ל״א[9]	10. ל״ה[10]
קרא (to read)	רשה (to permit)
Present	
מַקְרִיא	מַרְשֶׁה
מַקְרִיאָה	מַרְשָׁה
מַקְרִיאִים	מַרְשִׁים
מַקְרִיאוֹת	מַרְשׁוֹת
Past	
הִקְרֵאתִי	הִרְשֵׁיתִי
הִקְרֵאתָ	הִרְשֵׁיתָ
הִקְרֵאת	הִרְשֵׁית
הִקְרִיא	הִרְשָׁה
הִקְרִיאָה	הִרְשְׁתָה
הִקְרֵאנוּ	הִרְשֵׁינוּ
הִקְרֵאתֶם	הִרְשֵׁיתֶם
הִקְרֵאתֶן	הִרְשֵׁיתֶן
הִקְרִיאוּ	הִרְשׁוּ
Future	
אַקְרִיא	אַרְשֶׁה
תַּקְרִיא	תַּרְשֶׁה
תַּקְרִיאִי	תַּרְשִׁי
יַקְרִיא	יַרְשֶׁה
תַּקְרִיא	תַּרְשֶׁה
נַקְרִיא	נַרְשֶׁה
תַּקְרִיאוּ	תַּרְשׁוּ
תַּקְרֶאנָה	תַּרְשֶׁינָה
יַקְרִיאוּ	יַרְשׁוּ
תַּקְרֶאנָה	תַּרְשֶׁינָה
Imperative	
הַקְרֵא	הַרְשֵׁה
הַקְרִיאִי	הַרְשִׁי
הַקְרִיאוּ	הַרְשׁוּ
הַקְרֶאנָה	הַרְשֶׁינָה
Infinitive	
לְהַקְרִיא	לְהַרְשׁוֹת

NOTES

1 The hiph'il conjugation is characterized by the prefix ה. In the present and future the ה is elided. Thus מַזְכִּיר and יַזְכִּיר stand for יְהַזְכִּיר, מְהַזְכִּיר. Hiph'il meanings should be checked in the dictionary.

2 If the first radical is either א or ע, usually a ḥ^{a}ṭaph replaces the sheva, e.g. מַעֲבִיד, הֶעֱבִיד (with segol in the past), יַעֲבִיד, הַעֲבֵד, לְהַעֲבִיד but if the

first radical is a ה or a ח, the sheva is often maintained, e.g. מַחְפִּים, מַהְבִּיל.

3 If the third radical is a ח, ע, or ה (with mappiq), a furtive pataḥ is placed under it, e.g. לְהַבְטִיחַ, יַבְטִיחַ, הִבְטִיחַ, מַבְטִיחַ and a pataḥ replaces the tsere in the second and third pers. fem. plur. future and fem. plur. imperative, e.g. תַּבְטַחְנָה, הַבְטַחְנָה, and in the masc. sing. imperative, e.g. הַבְטַח.

4 (a) The נָחֵי פ״י (see chapter 6, note 10) retain the י in the hiph'il while in the חַסְרֵי פ״י the י is replaced by a ו.

(b) Some פ״י verbs, e.g. יצב (to stand), יצע (to spread), are conjugated like the פ״נ (see chapter 6, note 10).

5 (a) The initial נ is omitted and a dagesh is placed in the second radical. But when the second radical is a guttural, the נ is retained and the second radical does not take a dagesh, e.g. מַנְעִים (= make agreeable), מַנְהִיג (= lead), מַנְחִיל (= bequeath).

(b) If the third radical is a ח, ע, or ה (with mappiq), a furtive pataḥ is placed under it, e.g. from נסע (qal = to travel), לְהַסִּיעַ, יַסִּיעַ, הִסִּיעַ, מַסִּיעַ and a pataḥ replaces the tsere in the future and imperative fem. plur., e.g. תַּסַּעְנָה, הַסַּעְנָה, and in the masc. sing. imperative, e.g. הַסַּע.

6 (a) הֵבֵאתָ, הֵבֵאתִי etc. has the alternative form הֲבִיאוֹתִי, הֲבִיאוֹתָ etc.

(b) The ה in הֲקִימוֹתָ, הֲקִימוֹתִי etc. has a ḥ^aṭaph pataḥ; but if the first radical is a guttural, the ה is pointed with a pataḥ, e.g. הַעִידוֹתִי.

(c) The root נוח (to rest) has two forms in the hiph'il;

(i) When the hiph'il has the meaning 'giving rest' it is conjugated like the ע״ו verbs, e.g. לְהָנִיחַ, הָנַח, יָנִיחַ, הֵנִיחַ, מֵנִיחַ.

(ii) When it has the meaning 'depositing' it is conjugated like the פ״נ verbs, e.g. לְהַנִּיחַ, הַנַּח, יַנִּיחַ, הִנִּיחַ, מַנִּיחַ.

7 *The* ע״י *verbs.*

The ע״י verbs are conjugated in the hiph'il like the ע״ו.

8 (a) Some ע״ע verbs are conjugated like the regular verbs, e.g.

לְהַכְלִיל, הַכְלֵל, יַכְלִיל, הִכְלִיל, מַכְלִיל (to include)

לְהַרְנִין, הַרְנֵן, יַרְנִין, הִרְנִין, מַרְנִין (to gladden)

(b) The ה in הֲסִבּוֹתָ, הֲסִבּוֹתִי etc. has a ḥ^aṭaph pataḥ; but if the first radical is a guttural the ה is pointed with a pataḥ, e.g. הַחִלּוֹתִי (I began) from חלל.

9 (a) The conjugation of the ל״א verbs is similar to that of the regular verbs except for the following differences:

(i) In the past, the second radical takes a tsere instead of a pataḥ.

(ii) In the future and imperative fem. plurals the second radical takes a segol instead of a tsere.

(b) The verb יצא belongs to the פ״י and the ל״א and its conjugation has characteristics of both, e.g. לְהוֹצִיא, הוֹצֵא, יוֹצִיא, הוֹצִיא, מוֹצִיא.

10 (a) An alternative pointing in the past is a ḥiriq under the second radical instead of a tsere, e.g. הִרְשִׁיתָ, הִרְשִׁיתִי etc.

(b) If the first radical is a guttural, the sheva is replaced by a ḥ^aṭaph, e.g. לְהַעֲלוֹת, הַעֲלֵה, יַעֲלֶה, הֶעֱלָה, מַעֲלֶה.

(c) The verb ירה is both פ״י and ל״ה and its conjugation has the characteristics of both, e.g. לְהוֹרוֹת, הוֹרֵה, יוֹרֶה, הוֹרָה, מוֹרֶה (to teach).

CHAPTER 13

The hoph'al conjugation (בִּנְיַן הָפְעַל)

	1. שְׁלֵמִים שלך (to throw)	2. פ gutt. עמד (to stand)	3. פ״י ירד (to go down)
Present			
m.s.	מָשְׁלָךְ	מָעֳמָד	מוּרָד
f.s.	מָשְׁלֶכֶת	מָעֳמֶדֶת	מוּרֶדֶת
m.p.	מָשְׁלָכִים	מָעֳמָדִים	מוּרָדִים
f.p.	מָשְׁלָכוֹת	מָעֳמָדוֹת	מוּרָדוֹת
Past			
I	הָשְׁלַכְתִּי	הָעֳמַדְתִּי	הוּרַדְתִּי
you (m.s.)	הָשְׁלַכְתָּ	הָעֳמַדְתָּ	הוּרַדְתָּ
you (f.s.)	הָשְׁלַכְתְּ	הָעֳמַדְתְּ	הוּרַדְתְּ
he	הָשְׁלַךְ	הָעֳמַד	הוּרַד
she	הָשְׁלְכָה	הָעָמְדָה	הוּרְדָה
we	הָשְׁלַכְנוּ	הָעֳמַדְנוּ	הוּרַדְנוּ
you (m.p.)	הָשְׁלַכְתֶּם	הָעֳמַדְתֶּם	הוּרַדְתֶּם
you (f.p.)	הָשְׁלַכְתֶּן	הָעֳמַדְתֶּן	הוּרַדְתֶּן
they (m. & f.)	הָשְׁלְכוּ	הָעָמְדוּ	הוּרְדוּ
Future			
I	אָשְׁלַךְ	אָעֳמַד	אוּרַד
you (m.s.)	תָּשְׁלַךְ	תָּעֳמַד	תּוּרַד
you (f.s.)	תָּשְׁלְכִי	תָּעָמְדִי	תּוּרְדִי
he	יָשְׁלַךְ	יָעֳמַד	יוּרַד
she	תָּשְׁלַךְ	תָּעֳמַד	תּוּרַד
we	נָשְׁלַךְ	נָעֳמַד	נוּרַד
you (m.p.)	תָּשְׁלְכוּ	תָּעָמְדוּ	תּוּרְדוּ
you (f.p.)	תָּשְׁלַכְנָה	תָּעֳמַדְנָה	תּוּרַדְנָה
they (m.)	יָשְׁלְכוּ	יָעָמְדוּ	יוּרְדוּ
they (f.)	תָּשְׁלַכְנָה	תָּעֳמַדְנָה	תּוּרַדְנָה

4. פ"נ	5. ע"ע		6. ל"א	7. ל"ה
נצל (to save)	סבב (to surround)		מצא (to find)	גלה (to exile)
Present				
מָצָּל	מוּסָב		מָמְצָא	מָגְלֶה
מָצֶּלֶת	מוּסַבָּה		מָמְצֵאת	מָגְלָה
מָצָּלִים	מוּסַבִּים		מָמְצָאִים	מָגְלִים
מָצָּלוֹת	מוּסַבּוֹת		מָמְצָאוֹת	מָגְלוֹת
Past				
הָצַּלְתִּי	הוּסַבְתִּי	(הוּסַבּוֹתִי)	הָמְצֵאתִי	הָגְלֵיתִי
הָצַּלְתָּ	הוּסַבְתָּ	(הוּסַבּוֹתָ)	הָמְצֵאתָ	הָגְלֵיתָ
הָצַּלְתְּ	הוּסַבְתְּ	(הוּסַבּוֹת)	הָמְצֵאת	הָגְלֵית
הָצַּל	הוּסַב	הוּסַב	הָמְצָא	הָגְלָה
הָצְּלָה	הוּסַבָּה	הוּסַבָּה	הָמְצְאָה	הָגְלְתָה
הָצַּלְנוּ	הוּסַבְנוּ	(הוּסַבּוֹנוּ)	הָמְצֵאנוּ	הָגְלֵינוּ
הָצַּלְתֶּם	הוּסַבְתֶּם	(הוּסַבּוֹתֶם)	הָמְצֵאתֶם	הָגְלֵיתֶם
הָצַּלְתֶּן	הוּסַבְתֶּן	(הוּסַבּוֹתֶן)	הָמְצֵאתֶן	הָגְלֵיתֶן
הָצְּלוּ	הוּסַבּוּ	הוּסַבּוּ	הָמְצְאוּ	הָגְלוּ
Future				
אָצַּל	אוּסַב		אָמְצָא	אָגְלֶה
תָּצַּל	תּוּסַב		תָּמְצָא	תָּגְלֶה
תָּצְּלִי	תּוּסַבִּי		תָּמְצְאִי	תָּגְלִי
יָצַּל	יוּסַב		יָמְצָא	יָגְלֶה
תָּצַּל	תּוּסַב		תָּמְצָא	תָּגְלֶה
נָצַּל	נוּסַב		נָמְצָא	נָגְלֶה
תָּצְּלוּ	תּוּסַבּוּ		תָּמְצְאוּ	תָּגְלוּ
תָּצַּלְנָה	תּוּסַבְנָה	(תּוּסַבֶּינָה)	תָּמְצֶאנָה	תָּגְלֶינָה
יָצְּלוּ	יוּסַבּוּ		יָמְצְאוּ	יָגְלוּ
תָּצַּלְנָה	תּוּסַבְנָה	(תּוּסַבֶּינָה)	תָּמְצֶאנָה	תָּגְלֶינָה

NOTES

1. (a) The preformatives (מ in the present, ה in the past, and the letters א י ת ן in the future) are frequently vocalized with a shuruq or qubbuts instead of a qamats qaṭan (short qamats), e.g. from גבל (to limit):

יֻגְבַּל, הֻגְבַּל, מֻגְבָּל

יוּגְבַּל, הוּגְבַּל, מוּגְבָּל

(b) The qamats is retained under the second radical in the present plural.

2. (a) When the first radical is a guttural, usually a ḥ^{a}ṭaph qamats replaces the sheva, e.g. מָעֳמָד etc. However, sometimes the sheva is retained, especially with verbs whose first radical is a ח, e.g. מָחְזָק, הָחְזַק, יָחְזַק (= be hẹld).

(b) When the preformative letters are vocalized with וּ instead of ָ the guttural first radical will take a ḥ^{a}ṭaph pataḥ instead of ḥ^{a}ṭaph qamats, e.g. מוּעֲמָד, הוּעֲמַד, יוּעֲמַד.

(c) If the second radical is a guttural, e.g. רעל (to poison), then a ḥaṭᵃph pataḥ replaces the sheva in הָרְעֲלָה, הָרְעֲלוּ, תָּרְעֲלִי, תָּרְעֲלוּ, and יָרְעֲלוּ.

(d) If the third letter is a guttural, e.g. בטח (to trust), then the fem. sing. present is מָבְטַחַת (instead of מָשְׁלֶכֶת) and the second pers. fem. sing. past is הָבְטַחַתְּ (instead of הָשְׁלַכְתְּ).

3. Some פ״י verbs, e.g. יצב (hoph'al = be set up), יצע (hoph'al = be suggested) are conjugated like the פ״נ, e.g. מֻצָּב, הֻצַּב, יֻצַּב. (See chapter 6, note 10.)

4. (a) The נ of פ״נ verbs usually drops in all the forms of the hoph'al and a dagesh is inserted in the second radical. Sometimes the נ is retained, especially when the second radical is a guttural, e.g. מֻנְחָל, מֻנְהָג, מֻנְמָךְ (see chapter 6, note 11).

(b) If the third radical is a guttural, e.g. נסע then the fem. sing. present is מֻסַּעַת (instead of מֻצֶּלֶת) and in the past it is הֻסַּעַתְּ (instead of הֻצַּלְתְּ).

5. In Modern Hebrew there is a tendency to conjugate many of the ע״ע like the regular verbs, e.g. מֻכְלָל, הֻכְלַל, יֻכְלַל.

6. The main differences between the conjugation of the ל״א verbs and that of the regular verbs are:

(a) In the present tense the second radical takes a tsere in the fem. sing. instead of a segol and the א quiesces (compare מָמְצֵאת with מָשְׁלֶכֶת).

(b) In the past the second radical takes a tsere instead of a pataḥ (compare הָמְצֵאתִי with הָשְׁלַכְתִּי).

(c) In the future the second radical takes a qamats instead of a pataḥ, (compare אָמְצָא with אָשְׁלַךְ), and segol instead of pataḥ in the second and third pers. fem. plur. (compare תָּמְצֶאנָה with תָּשְׁלַכְנָה).

CHAPTER 14

	1. The pôlēl	*2. The pôlal*	*3. The hithpôlēl*
Root: קוּם (to rise)			
Present			
m.s.	מְקוֹמֵם	מְקוֹמָם	מִתְקוֹמֵם
f.s.	מְקוֹמֶמֶת	מְקוֹמָמָה	מִתְקוֹמֶמֶת
m.p.	מְקוֹמְמִים	מְקוֹמָמִים	מִתְקוֹמְמִים
f.p.	מְקוֹמְמוֹת	מְקוֹמָמוֹת	מִתְקוֹמְמוֹת
Past			
I	קוֹמַמְתִּי	קוֹמַמְתִּי	הִתְקוֹמַמְתִּי
you (m.s.)	קוֹמַמְתָּ	קוֹמַמְתָּ	הִתְקוֹמַמְתָּ
you (f.s.)	קוֹמַמְתְּ	קוֹמַמְתְּ	הִתְקוֹמַמְתְּ
he	קוֹמֵם	קוֹמַם	הִתְקוֹמֵם
she	קוֹמְמָה	קוֹמְמָה	הִתְקוֹמְמָה
we	קוֹמַמְנוּ	קוֹמַמְנוּ	הִתְקוֹמַמְנוּ
you (m.p.)	קוֹמַמְתֶּם	קוֹמַמְתֶּם	הִתְקוֹמַמְתֶּם
you (f.p.)	קוֹמַמְתֶּן	קוֹמַמְתֶּן	הִתְקוֹמַמְתֶּן
they (m. & f.)	קוֹמְמוּ	קוֹמְמוּ	הִתְקוֹמְמוּ
Future			
I	אֲקוֹמֵם	אֲקוֹמַם	אֶתְקוֹמֵם
you (m.s.)	תְּקוֹמֵם	תְּקוֹמַם	תִּתְקוֹמֵם
you (f.s.)	תְּקוֹמְמִי	תְּקוֹמְמִי	תִּתְקוֹמְמִי
he	יְקוֹמֵם	יְקוֹמַם	יִתְקוֹמֵם
she	תְּקוֹמֵם	תְּקוֹמַם	תִּתְקוֹמֵם
we	נְקוֹמֵם	נְקוֹמַם	נִתְקוֹמֵם
you (m.p.)	תְּקוֹמְמוּ	תְּקוֹמְמוּ	תִּתְקוֹמְמוּ
you (f.p.)	תְּקוֹמֵמְנָה	תְּקוֹמַמְנָה	תִּתְקוֹמֵמְנָה
they (m.)	יְקוֹמְמוּ	יְקוֹמְמוּ	יִתְקוֹמְמוּ
they (f.)	תְּקוֹמֵמְנָה	תְּקוֹמַמְנָה	תִּתְקוֹמֵמְנָה
Imperative			
m.s.	קוֹמֵם		הִתְקוֹמֵם
f.s.	קוֹמְמִי		הִתְקוֹמְמִי
m.p.	קוֹמְמוּ		הִתְקוֹמְמוּ
f.p.	קוֹמֵמְנָה		הִתְקוֹמֵמְנָה
Infinitive			
	לְקוֹמֵם		לְהִתְקוֹמֵם

NOTES

1. A number of ע״ו and ע״ע verbs have the forms pôlēl (active), pôlal (passive), and hithpôlēl (reflexive). The pôlēl of קוּם has the meaning 'raise (again), re-establish'.
2. The conjugation of the ע״ע verbs is identical with that of the ע״ו.

3. The past tense of the pôlal is conjugated like that of the pôlēl with the difference that the third pers. masc. sing. is קוֹמַם instead of קוֹמֵם.
4. The pôlal has no imperative and no infinitive construct.

CHAPTER 15

The noun and the adjective

Nouns are either masculine or feminine. Thus:

1. Male animate creatures are masculine.
2. Nouns that do not end in ָה -or ת are usually masculine.[1]
3. Female animate creatures are feminine.
4. Nouns that end in ָה -and whose stress is on the ultimate syllable are feminine, e.g. תְּמוּנָה (picture), סוּסָה (mare).[2]
5. Most nouns that end in ת are feminine, e.g. מַחְבֶּרֶת (exercise book), חָנוּת (shop).
6. The nouns עִיר (city), אֶרֶץ (earth, land, country), and names of cities and countries are feminine.
7. Nouns denoting parts of the body which are in pairs are feminine, e.g. רֶגֶל (foot), אֹזֶן (ear), יָד (hand).
8. Some nouns are frequently used as feminine although they are both masculine and feminine, e.g. דֶּרֶךְ (way), לָשׁוֹן (tongue), סַכִּין (knife), רוּחַ (wind, spirit), שֶׁמֶשׁ (sun).

To form the feminine of many nouns representing male animate creatures a ָה- , which then takes the stress, is appended.

The plural masculine is formed by appending ִים - and the plural feminine by appending וֹת-, e.g.

סוּס (horse) סוּסָה סוּסִים סוּסוֹת

שָׁכֵן[3] (neighbour) שְׁכֵנָה שְׁכֵנִים שְׁכֵנוֹת

Some masculine nouns form their plural in וֹת– e.g. אָב/אָבוֹת (father(s)), קוֹל/קוֹלוֹת (voice(s)), and some feminine nouns form their plural in ִים - e.g. תְּאֵנָה/תְּאֵנִים (fig(s)), אִשָּׁה/נָשִׁים (woman(en)).

There are some nouns that form their plural in either ִים or וֹת– e.g. נְהָרִים/נְהָרוֹת (rivers), מַאֲכָלִים/מַאֲכָלוֹת (food).

Some nouns form their plural in אוֹת -, e.g. מִקְוָאוֹת (ritual baths), שַׁלְשְׁלָאוֹת (chains), from sing. מִקְוֶה, שַׁלְשֶׁלֶת.

Nouns ending in ֶה-, e.g. מוֹרֶה (teacher), lose the ֶה - in the plural, e.g. מוֹרִים.

Masculine segolate nouns (see chapter 1, section 8), e.g. מֶלֶךְ (king),

1 Some exceptions are: אֶבֶן (stone), אֵשׁ (fire), בְּאֵר (well), בֶּטֶן (belly), דְּיוֹ (ink), חֶרֶב (sword), כּוֹס (cup), עֶצֶם (bone), צִפּוֹר (bird), צְפַרְדֵּעַ (frog), חָצֵר (courtyard).

2 לַיְלָה (night) is stressed on the penultimate syllable and is masculine.

3 The long vowel of the first syllable is reduced to a sheva in the feminine and the plural (see chapter 1, section 8).

סֵפֶר (book), כֹּתֶל (wall), form the plural according to the pattern xְxָxִים.
Thus כְּתָלִים, סְפָרִים, מְלָכִים.
The feminine segolate nouns form the plural according to the pattern Xְ X ָX וֹת, e.g. נֶפֶשׁ/נְפָשׁוֹת (soul(s)), דֶּלֶת/דְּלָתוֹת (door(s)).
There are nouns that form their plural in an irregular way, e.g. בַּיִת/בָּתִּים (house (s)), יוֹם/יָמִים (day(s)), בֵּן/בָּנִים (son(s)), בַּת/בָּנוֹת (daughter(s)), אָחוֹת/אֲחָיוֹת (sister(s)), אִישׁ/אֲנָשִׁים (man/men), אִשָּׁה/נָשִׁים (woman(en)).

The dual

To form the dual the suffix ַיִם - is affixed to the singular noun, e.g. שְׁנָתַיִם (two years), שְׁבוּעַיִם (two weeks), from שָׁנָה, שָׁבוּעַ.
With certain words, especially those expressing parts of the body in pairs, the ending ַיִם - is used to express the plural as well as the dual, e.g. שְׁתֵּי יָדַיִם (two hands) and עֶשֶׂר יָדַיִם (ten hands).
Dual nouns are few in Hebrew.

The adjective

The adjective usually follows the noun it qualifies and agrees with it in gender and number, e.g.

(a good horse)	סוּס טוֹב
(a good mare)	סוּסָה טוֹבָה
(good horses)	סוּסִים טוֹבִים
(good mares)	סוּסוֹת טוֹבוֹת

Adjectives have many patterns. The most important are:

1.	פָּעֵל	זְקֵנוֹת	זְקֵנִים	זְקֵנָה	זָקֵן	(old)
		שְׂמֵחוֹת	שְׂמֵחִים	שְׂמֵחָה	שָׂמֵחַ	(happy)
2.	פָּעֹל	יְרֻקּוֹת	יְרֻקִּים	יְרֻקָּה	יָרֹק	(green)
		אֲדֻמּוֹת	אֲדֻמִּים	אֲדֻמָּה	אָדֹם	(red)
3.	פָּעוֹל	גְּדוֹלוֹת	גְּדוֹלִים	גְּדוֹלָה	גָּדוֹל	(big)
4.	פָּעִיל	מְהִירוֹת	מְהִירִים	מְהִירָה	מָהִיר	(quick)
		עֲשִׁירוֹת	עֲשִׁירִים	עֲשִׁירָה	עָשִׁיר	(rich)
5.	פָּעָל	לְבָנוֹת	לְבָנִים	לְבָנָה	לָבָן	(white)
		חֲזָקוֹת	חֲזָקִים	חֲזָקָה	חָזָק	(strong)
	(but note:	קְטַנּוֹת	קְטַנִּים	קְטַנָּה	קָטָן)	(small)
6.	פָּעוּל	בְּרוּכוֹת	בְּרוּכִים	בְּרוּכָה	בָּרוּךְ	(blessed)
		חֲשׁוּבוֹת	חֲשׁוּבִים	חֲשׁוּבָה	חָשׁוּב	(important)

7.	פַּעִּיל	עַלִּיזוֹת	עַלִּיזִים	עַלִּיזָה	עַלִּיז	(joyful)
8.	פַּל	רַכּוֹת	רַכִּים	רַכָּה	רַךְ	(soft)
		קָרוֹת	קָרִים	קָרָה	קַר	(cold)
9.	פָּעֶה	יָפוֹת	יָפִים	יָפָה	יָפֶה	(beautiful)
10.	פָּעִי	נְקִיּוֹת	נְקִיִּים	נְקִיָּה	נָקִי	(clean)

NOTES

1. The first qamats of a two-syllable adjective is reduced to a sheva in the feminine and the plural (see examples 1 to 6 and 10, and chapter 1, section 8).
2. When the first letter is a guttural the qamats is reduced to a ḥ[a]ṭaph in the feminine and the plural (see examples 2, 4, 5, 6 and chapter 1, section 8).
3. If the last letter is a guttural, a furtive pataḥ is required (see example 1 and chapter 1, section 7).
4. Adjectives ending in ֶה e.g. יָפֶה lose the ֶה in the plural (see example 9).
5. When the noun is definite the adjective is also definite, e.g. יֶלֶד חָכָם (a wise boy) / הַיֶּלֶד הֶחָכָם (the wise boy), (see chapter 1, section 9).
6. When the adjective is used as a predicate it does not take the definite article, e.g. הַיֶּלֶד חָכָם (the boy is clever).
7. The personal pronouns הוּא, הִיא, הֵם and הֵן are sometimes used to express the predicate, e.g. הַיֶּלֶד הוּא חָכָם = the boy (he) is wise.
   הַיַּלְדָּה הִיא חֲכָמָה = the girl (she) is wise.
8. *The comparative and superlative*
   (a) Comparison is expressed thus:
   1. דָּוִד גָּדוֹל מִמֹּשֶׁה (David is bigger than Moshe)
   2. דָּוִד יוֹתֵר גָּדוֹל מִמֹּשֶׁה or דָּוִד גָּדוֹל יוֹתֵר מִמֹּשֶׁה

   In all instances the adjective is followed by the inseparable preposition מ. In the second example the word יוֹתֵר is included which may follow or precede the adjective.

   (b) *The superlative*

   The most common ways of expressing the superlative are:
   1. דָּוִד הוּא הֲכִי טוֹב בַּתַּלְמִידִים (David is the best pupil)
   2. דָּוִד הוּא הַתַּלְמִיד הֲכִי טוֹב
   3. דָּוִד הוּא הַטּוֹב בְּיוֹתֵר בַּתַּלְמִידִים
   4. דָּוִד הוּא הַיּוֹתֵר טוֹב בַּתַּלְמִידִים
   5. דָּוִד הוּא הַתַּלְמִיד הַטּוֹב בְּיוֹתֵר

CHAPTER 16

The patterns of nouns

The number of noun patterns in Hebrew is many and here we shall deal with some that are frequently in use.

1. *The* פְּעִילָה *pattern.*
   This pattern is formed from the qal conjugation of the active verbs, e.g. from the root שמר we obtain שְׁמִירָה (guarding), from קרא we obtain קְרִיאָה (reading).

Note

Some nouns are formed on the פְּעֵלָה pattern, e.g. from גנב we obtain גְּנֵבָה (theft), from שאל we obtain שְׁאֵלָה (question).

2. ע״ו *and* ע״י *verbs.*
   From מות we obtain מִיתָה (death), from שיר we obtain שִׁירָה (poetry).
3. ל״ה *verbs.*
   From בנה we obtain בְּנִיָּה (building), from ראה we obtain רְאִיָּה (seeing).
4. ע״ע *verbs.*
   Some ע״ע verbs have two forms, a long one which is identical with that of the regular verb, e.g. from סבב we obtain סְבִיבָה (surroundings) and a short one where the two similar radicals coalesce, e.g. from סבב we obtain סִבָּה (cause).

Note

Some verbs have one form only, e.g. from the root חבב we obtain חִבָּה (love) and not (חביבה).

5. פִּעוּל *and* פַּעָלָה
   These patterns of nouns are formed from the פִּעֵל conjugation. Some verbs have both forms, e.g. from the root בקש we obtain בִּקּוּשׁ (demand) and בַּקָּשָׁה (request).,Some verbs, on the other hand, have only one of these forms, e.g. from the root ספר we obtain סִפּוּר (story) but not (ספרה).
6. הַפְעָלָה *and* הֶפְעֵל
   These patterns of nouns are formed from the הִפְעִיל conjugation, e.g. from the root בדל we obtain הַבְדָּלָה (separation), and הֶבְדֵּל (difference). However, from the root דלק we obtain הַדְלָקָה (lighting) but not the הֶפְעֵל form.
   The פ״נ verbs lose their נ, e.g. from the root נתר we obtain הַתָּרָה and הֶתֵּר (both meaning 'permission' but each expressing a special nuance).
7. הִתְפַּעֲלוּת
   This pattern is derived from the הִתְפַּעֵל conjugation, e.g. from the root נפל we obtain הִתְנַפְּלוּת (attack), from the root חפש we

obtain הִתְחַפְּשׂוּת (disguise).

8. *The* פַּעָל *pattern.*
Nouns formed on this pattern usually denote occupations, e.g. חַיָּט (tailor), סַבָּל (porter), נַגָּר (carpenter).

Note

Nouns of this pattern take a dagesh in the second radical, but if it is a guttural the dagesh is omitted and the pataḥ under the first radical is lengthened to a qamats, e.g. פָּרָשׁ (horseman).

9. *The* פַּעְלָן *pattern*
This pattern expresses personal characteristics, e.g. רַחֲמָן (merciful), פַּחְדָן (coward). It is also used to denote occupations, e.g. סַפְרָן (librarian), קַבְּלָן (contractor).

10. *The* פִּעֵל *pattern*
This pattern expresses bodily and mental disabilities, e.g. עִוֵּר (blind), טִפֵּשׁ (fool).

Note

Nouns of this pattern take a dagesh in the second radical, but if it is a guttural the dagesh is omitted and the first radical takes a tsere instead of a ḥiriq, e.g. חֵרֵשׁ (deaf).

11. *The* פַּעֶלֶת *pattern*
This pattern is frequently used to denote names of diseases, e.g. אַדֶּמֶת (measles), שַׁפַּעַת (influenza).

12. *The* מַפְעֵל *pattern.*
This pattern is commonly used to denote names of utensils and instruments, e.g. מַפְתֵּחַ (key), מַעְדֵּר (hoe).

13. *The* מַפְעֵלָה *pattern*
This pattern is used, like the מַפְעֵל, to express instruments and utensils, e.g. מַחְרֵשָׁה (plough), מַשְׁאֵבָה (pump). It also denotes the place where a certain occupation is carried out, e.g. מַשְׁתֵּלָה (flower nursery).

14. *The suffix* וּת -.
This suffix is used to denote the abstract, e.g. יֶלֶד (child), יַלְדוּת (childhood), עֶבֶד (slave), עַבְדוּת (slavery).

15. *The diminutive*
There are various ways of expressing the diminutive. Here we mention the three most frequent forms:
a) the פְּעַלְעַל pattern, e.g. כֶּלֶב (dog), כְּלַבְלַב (puppy).
b) the suffix ִית- e.g. כַּף (spoon), כַּפִּית (small spoon).
c) the suffix וֹן - e.g. סֵפֶר (book), סִפְרוֹן (small book).

Note

The suffix וֹן - is used also to denote nouns that are not necessarily diminutive, e.g. שָׁעוֹן (watch), חַלּוֹן (window), עִתּוֹן (newspaper).

CHAPTER 17

*The s*ə*mikhuth* (lit. proximity or support)

When nouns are used independently they are said to be in the absolute state (נִפְרָדִים), e.g. שִׁיר (song), בַּיִת (house), etc. When they are closely connected so that together they express a single idea, e.g. בֵּית סֵפֶר (school), or a compound one, e.g. סוּס הַמֶּלֶךְ (the horse of the king), they are said to be in the construct state (סְמִיכוּת). The first constituent is called נִסְמָךְ (supported), and the second is called סוֹמֵךְ (supporting). Thus בֵּית סֵפֶר consists of בֵּית (house of — נִסְמָךְ), and סֵפֶר (book — סוֹמֵךְ).

The definite article (see chapter 1, section 9) is normally attached to the סוֹמֵךְ and not to the נִסְמָךְ e.g. סוּס הַמֶּלֶךְ and not הַסּוּס מֶלֶךְ.

In most cases instead of the səmikhuth construction, one can use the particle שֶׁל (of) e.g. הַשִּׁיר שֶׁל הַמֶּלֶךְ = שִׁיר הַמֶּלֶךְ and both mean 'the song of the king'. But one does not say הַבַּיִת שֶׁל הַסֵּפֶר when meaning 'school' because בֵּית סֵפֶר although written in two words, is in fact a compound noun.

There are nouns whose vocalization is not affected by being put in the construct state and there are those that are. Thus:

Most singular segolate nouns, e.g. מֶלֶךְ (king), סֵפֶר (book), חֹדֶשׁ (month), and many monosyllabic nouns, e.g. שׁוֹר (ox), סוּס (horse), שִׁיר (song), retain their absolute form when used in a səmikhuth construction.

There are, however, monosyllabic nouns whose long vowel is reduced in a səmikhuth construction. Thus: the qamats in דָּג (fish), דָּם (blood), and יָד (hand), is reduced to a pataḥ in a səmikhuth construction, and בֵּן (son) is reduced to בֶּן (rarely to בִּן).

The reason for the reduction is easy to understand when one bears in mind that in a səmikhuth construction the נִסְמָךְ is pronounced hurriedly and the main stress is passed on to the סוֹמֵךְ and as a consequence the long vowel of the נִסְמָךְ is reduced to a short one.

The feminine ending ָה- becomes ַת- in the construct, e.g. תּוֹרָה/תּוֹרַת (law), תְּמוּנָה/תְּמוּנַת (picture).

Here we have two adjustments: a) the reduction of a qamats to a pataḥ, and b) the replacement of the ה by a ת.

The plural masculine ending ִים- and the dual ending ַיִם- become ֵי- in the construct, e.g. תַּלְמִידִים/תַּלְמִידֵי (pupils), רַגְלַיִם/רַגְלֵי (feet).

The plural feminine ending וֹת - is not affected in the construct.

The qamats in nouns of the patterns פַּעָל פְּעָל and פָּעָל e.g. דַּיָּן (judge), אִכָּר (farmer), and שֻׁתָּף (partner), is reduced to a pataḥ in the construct singular, e.g. דַּיַּן הָעִיר (the judge of the city), etc.

The qamats in nouns whose penultimate syllable ends in a silent sheva or a pure long vowel (see chapter 1, section 8), e.g. מִקְדָּשׁ (sanctuary), כּוֹכָב (star), is reduced to a pataḥ in the construct singular, e.g.[1] מִקְדַּשׁ ה׳ (the temple of the Lord), כּוֹכַב הַשָּׁמַיִם (the star of the heavens).

A penultimate qamats in nouns whose ultimate syllable has a pure long vowel, e.g. שָׁלוֹם (peace), זִכָּרוֹן (remembrance) is reduced to a sheva in the construct, e.g. שְׁלוֹם הַיֶּלֶד (the well being of the boy), זִכְרוֹן הַמַּעֲשִׂים (the remembrance of the deeds).

Many words of the pattern פָּעָל פָּעֵל and פָּעֵל e.g. דָּבָר (a thing), כָּבֵד (heavy), and חָצֵר (courtyard), have their first vowel reduced to sheva and their second vowel to pataḥ in the construct singular, e.g. דְּבַר הַמֶּלֶךְ (the word of the king), כְּבַד לָשׁוֹן ('heavy of tongue', i.e. slow of speech, stammering), חֲצַר הַמֶּלֶךְ (the court of the king). (Note that the guttural letter ח takes a ḥ^{a}ṭaph pataḥ instead of a sheva.)

A two-syllable feminine noun like שָׂפָה (lip, language) becomes שְׂפַת in the construct. The first syllable שָׂ is reduced to שְׂ and the second to פַת. (If the first letter is a guttural, e.g. עֵצָה (advice), the long vowel is reduced to a ḥ^{a}ṭaph resulting in עֲצַת (advice of).

The words בְּרָכָה (blessing), צְדָקָה (charity), become בִּרְכַּת and צִדְקַת in the construct. (The process of adjustments is as follows: כָה becomes כַּת, the qamats of the penultimate syllable (רָ) is reduced to a sheva. The first sheva under the ב is given a ḥiriq because there can never be two shevas at the beginning of a word (see chapter 1, sections 3 and 10)). If the first letter is a guttural, e.g. אֲדָמָה (land), the construct is אַדְמַת. (The process of adjustments is the same as in the word בְּרָכָה with the exception that the guttural א is given a pataḥ instead of a ḥiriq).

1 A regular abbreviation for the Tetragrammaton.

CHAPTER 18

1. *The possessive suffixes*

The possessives are expressed in Hebrew either by the possessive pronouns שֶׁלִּי, שֶׁלָּךְ, שֶׁלּוֹ etc. (see chapter 2) or by the following suffixes.

A. Suffixes for the singular noun

my	־ִי
your (m.s.)	־ְךָ
your (f.s.)	־ֵךְ
his	־וֹ
her	־ָהּ
our	־ֵנוּ
your (m.p.)	־ְכֶם
your (f.p.)	־ְכֶן
their (m.)	־ָם
their (f.)	־ָן

B. Suffixes for the plural noun

my	־ַי
your (m.s.)	־ֶיךָ
your (f.s.)	־ַיִךְ
his	־ָיו
her	־ֶיהָ
our	־ֵינוּ
your (m.p.)	־ֵיכֶם
your (f.p.)	־ֵיכֶן
their (m.)	־ֵיהֶם
their (f.)	־ֵיהֶן

2. *The declension of the noun*

There are nouns whose vocalization is not affected by the pronominal suffixes and retain their absolute form, but there are nouns that undergo a change of vowel when the pronominal suffixes are attached to them. (See chapter 17.)

What follows is not an exhaustive treatment of the declensions. Students should consult a good dictionary when in doubt as to the correct vocalization of a particular noun.

A. Nouns whose vowels are not affected by declension

1. Monosyllabic nouns that have a pure long vowel (see chapter 1,

section 8), like דּוֹד (uncle), שִׁיר (song), סוּס (horse), etc., e.g.

Sing.

(absolute) דּוֹד
(construct) דּוֹד
(masc.) דּוֹדִי דּוֹדְךָ דּוֹדוֹ דּוֹדֵנוּ דּוֹדְכֶם דּוֹדָם
(fem.) " דּוֹדֵךְ דּוֹדָהּ " דּוֹדְכֶן דּוֹדָן

Plur.

(absolute) דּוֹדִים
(construct) דּוֹדֵי
(masc.) דּוֹדַי דּוֹדֶיךָ דּוֹדָיו דּוֹדֵינוּ דּוֹדֵיכֶם דּוֹדֵיהֶם
(fem.) " דּוֹדַיִךְ דּוֹדֶיהָ " דּוֹדֵיכֶן דּוֹדֵיהֶן

2. Nouns that have a closed syllable (see chapter 1, section 4) followed by a pure long vowel, like תַּלְמִיד (pupil), גִּבּוֹר (strong), חַלּוֹן (window), etc., e.g.

Sing.

(absolute) תַּלְמִיד
(construct) תַּלְמִיד
(masc.) תַּלְמִידִי תַּלְמִידְךָ תַּלְמִידוֹ תַּלְמִידֵנוּ תַּלְמִידְכֶם תַּלְמִידָם
(fem.) " תַּלְמִידֵךְ תַּלְמִידָהּ " תַּלְמִידְכֶן תַּלְמִידָן

Plur.

(absolute) תַּלְמִידִים
(construct) תַּלְמִידֵי
(masc.) תַּלְמִידַי תַּלְמִידֶיךָ תַּלְמִידָיו תַּלְמִידֵינוּ תַּלְמִידֵיכֶם תַּלְמִידֵיהֶם
(fem.) " תַּלְמִידַיִךְ תַּלְמִידֶיהָ " תַּלְמִידֵיכֶן תַּלְמִידֵיהֶן

3. Nouns that end in וּת or ִית, like גָּלוּת (exile), עֵדוּת (testimony), זָוִית (corner), etc., e.g.

Sing.

(absolute) גָּלוּת
(construct) גָּלוּת
(masc.) גָּלוּתִי גָּלוּתְךָ גָּלוּתוֹ גָּלוּתֵנוּ גָּלוּתְכֶם גָּלוּתָם
(fem.) " גָּלוּתֵךְ גָּלוּתָהּ " גָּלוּתְכֶן גָּלוּתָן

Plur.

(absolute) גָּלֻיּוֹת
(construct) גָּלֻיּוֹת
(masc.) גָּלֻיּוֹתַי גָּלֻיּוֹתֶיךָ גָּלֻיּוֹתָיו גָּלֻיּוֹתֵינוּ גָּלֻיּוֹתֵיכֶם גָּלֻיּוֹתֵיהֶם
(fem.) " גָּלֻיּוֹתַיִךְ גָּלֻיּוֹתֶיהָ " גָּלֻיּוֹתֵיכֶן גָּלֻיּוֹתֵיהֶן

Sing.

(absolute) זָוִית
(construct) זָוִית
(masc.) זָוִיתִי זָוִיתְךָ זָוִיתוֹ זָוִיתֵנוּ זָוִיתְכֶם זָוִיתָם
(fem.) " זָוִיתֵךְ זָוִיתָהּ " זָוִיתְכֶן זָוִיתָן

Plur.

זָוִיּוֹת (absolute)
זָוִיּוֹת (construct)
(masc.) זָוִיּוֹתַי זָוִיּוֹתֶיךָ זָוִיּוֹתָיו זָוִיּוֹתֵינוּ זָוִיּוֹתֵיכֶם זָוִיּוֹתֵיהֶם
(fem.) " זָוִיּוֹתַיִךְ זָוִיּוֹתֶיהָ " זָוִיּוֹתֵיכֶן זָוִיּוֹתֵיהֶן

4. Monosyllabic nouns derived from the ע״ו verbs like עֵד (witness), גֵּר (proselyte) (from the verbs עוד and גור), etc., e.g.

Sing.

עֵד (absolute)
עֵד (construct)
(masc.) עֵדִי עֵדְךָ עֵדוֹ עֵדֵנוּ עֵדְכֶם עֵדָם
(fem.) " עֵדֵךְ עֵדָהּ " עֵדְכֶן עֵדָן

Plur.

עֵדִים (absolute)
עֵדֵי (construct)
(masc.) עֵדַי עֵדֶיךָ עֵדָיו עֵדֵינוּ עֵדֵיכֶם עֵדֵיהֶם
(fem.) " עֵדַיִךְ עֵדֶיהָ " עֵדֵיכֶן עֵדֵיהֶן

5. Nouns on the pattern פְּעֵל like בְּאֵר (well), זְאֵב (wolf), etc., e.g.

Sing.

זְאֵב (absolute)
זְאֵב (construct)
(masc.) זְאֵבִי זְאֵבְךָ זְאֵבוֹ זְאֵבֵנוּ זְאֵבְכֶם זְאֵבָם
(fem.) " זְאֵבֵךְ זְאֵבָהּ " זְאֵבְכֶן זְאֵבָן

Plur.

זְאֵבִים (absolute)
זְאֵבֵי (construct)
(masc.) זְאֵבַי זְאֵבֶיךָ זְאֵבָיו זְאֵבֵינוּ זְאֵבֵיכֶם זְאֵבֵיהֶם
(fem.) " זְאֵבַיִךְ זְאֵבֶיהָ " זְאֵבֵיכֶן זְאֵבֵיהֶן

B. Nouns where only one vowel is affected by declension

1. The qamats of the monosyllabic nouns דָּג (fish), דָּם (blood), יָד (hand), is reduced to a pataḥ in the construct singular, e.g.

(The man's hand, etc.) יַד הָאִישׁ, דַּם הָאִישׁ, דַּג הָאִישׁ

Before כֶם/כֶן - דָּג is reduced to דַּגְכֶם/כֶן
דָּם is reduced to דִּמְכֶם/כֶן
יָד is reduced to יֶדְכֶם/כֶן

2. The ָה ending of feminine nouns is reduced to ַת in the construct singular and before כֶם/כֶן, e.g.

Sing.

(aunt) דּוֹדָה (absolute)
דּוֹדַת (construct)
(masc.) דּוֹדָתִי דּוֹדָתְךָ דּוֹדָתוֹ דּוֹדָתֵנוּ דּוֹדַתְכֶם דּוֹדָתָם
(fem.) " דּוֹדָתֵךְ דּוֹדָתָהּ " דּוֹדַתְכֶן דּוֹדָתָן

Note:
The plural דּוֹדוֹת does not change in the construct or in declension. Thus:

(absolute)	דּוֹדוֹת					
(construct)	דּוֹדוֹת					
(masc.)	דּוֹדוֹתַי	דּוֹדוֹתֶיךָ	דּוֹדוֹתָיו	דּוֹדוֹתֵינוּ	דּוֹדוֹתֵיכֶם	דּוֹדוֹתֵיהֶם
(fem.)	"	דּוֹדוֹתַיִךְ	דּוֹדוֹתֶיהָ	"	דּוֹדוֹתֵיכֶן	דּוֹדוֹתֵיהֶן

3. In the singular of nouns of the pattern פְּעָל, the qamats is reduced to pataḥ in the construct and before כֶם/כֶן, e.g.

(absolute)	כְּפָר						(village)
(construct)	כְּפַר						
(masc.)	כְּפָרִי	כְּפָרְךָ	כְּפָרוֹ	כְּפָרֵנוּ	כְּפַרְכֶם	כְּפָרָם	
(fem.)	"	כְּפָרֵךְ	כְּפָרָהּ	"	כְּפַרְכֶן	כְּפָרָן	

4. In the singular of nouns of the פְּעָלָה pattern whose first letter is not part of the root, the second qamats is reduced to a pataḥ in the construct and before כֶם/כֶן, e.g.

(absolute)	תְּלָאָה						(hardship)
(construct)	תְּלָאַת						
(masc.)	תְּלָאָתִי	תְּלָאָתְךָ	תְּלָאָתוֹ	תְּלָאָתֵנוּ	תְּלָאַתְכֶם	תְּלָאָתָם	
(fem.)	"	תְּלָאָתֵךְ	תְּלָאָתָהּ	"	תְּלָאַתְכֶן	תְּלָאָתָן	

5. In the singular of some nouns in the פְּעֵלָה and מַפְעֵלָה patterns, the qamats is reduced to a pataḥ in the construct and before כֶם/כֶן, e.g.

(absolute)	בְּרֵכָה						(pool)
(construct)	בְּרֵכַת						
(masc.)	בְּרֵכָתִי	בְּרֵכָתְךָ	בְּרֵכָתוֹ	בְּרֵכָתֵנוּ	בְּרֵכַתְכֶם	בְּרֵכָתָם	
(fem.)	"	בְּרֵכָתֵךְ	בְּרֵכָתָהּ	"	בְּרֵכַתְכֶן	בְּרֵכָתָן	

(absolute)	מַהְפֵּכָה						(revolution)
(construct)	מַהְפֵּכַת						
(masc.)	מַהְפֵּכָתִי	מַהְפֵּכָתְךָ	מַהְפֵּכָתוֹ	מַהְפֵּכָתֵנוּ	מַהְפֵּכַתְכֶם	מַהְפֵּכָתָם	
(fem.)	"	מַהְפֵּכָתֵךְ	מַהְפֵּכָתָהּ	"	מַהְפֵּכַתְכֶן	מַהְפֵּכָתָן	

Note, however, the declension of the nouns בְּהֵמָה (beast), שְׁכֵנָה (neighbour) (fem. of שָׁכֵן), which is as follows:

(absolute)	בְּהֵמָה					
(construct)	בֶּהֱמַת					
(masc.)	בְּהֶמְתִּי	בְּהֶמְתְּךָ	בְּהֶמְתּוֹ	בְּהֶמְתֵּנוּ	בְּהֶמְתְּכֶם	בְּהֶמְתָּם
(fem.)	"	בְּהֶמְתֵּךְ	בְּהֶמְתָּהּ	"	בְּהֶמְתְּכֶן	בְּהֶמְתָּן

(absolute)	שְׁכֵנָה					
(construct)	שְׁכֶנֶת					
(masc.)	שְׁכֶנְתִּי	שְׁכֶנְתְּךָ	שְׁכֶנְתּוֹ	שְׁכֶנְתֵּנוּ	שְׁכֶנְתְּכֶם	שְׁכֶנְתָּם
(fem.)	"	שְׁכֶנְתֵּךְ	שְׁכֶנְתָּהּ	"	שְׁכֶנְתְּכֶן	שְׁכֶנְתָּן

6. The second qamats in singular nouns of the הַפְעָלָה and פַּעָלָה patterns is reduced to a pataḥ in the construct and before כֶם/כֶן , e.g.

			(danger)		סַכָּנָה	(absolute)
					סַכָּנַת	(construct)
סַכָּנָתָם	סַכָּנַתְכֶם	סַכָּנָתֵנוּ	סַכָּנָתוֹ	סַכָּנָתְךָ	סַכָּנָתִי	(masc.)
סַכָּנָתָן	סַכָּנַתְכֶן	"	סַכָּנָתָהּ	סַכָּנָתֵךְ	"	(fem.)
			(success)		הַצְלָחָה	(absolute)
					הַצְלָחַת	(construct)
הַצְלָחָתָם	הַצְלָחַתְכֶם	הַצְלָחָתֵנוּ	הַצְלָחָתוֹ	הַצְלָחָתְךָ	הַצְלָחָתִי	(masc.)
הַצְלָחָתָן	הַצְלָחַתְכֶן	"	הַצְלָחָתָהּ	הַצְלָחָתֵךְ	"	(fem.)

7. The qamats in singular nouns of the patterns פִּלָּה פַּלָּה and פֻּלָּה, e.g. סִבָּה (cause), כַּלָּה (bride), and סֻכָּה (tabernacle), is reduced to a pataḥ in the construct and before כֶם/כֶן . Thus:

סִבָּה	כַּלָּה	סֻכָּה
סִבַּת	כַּלַּת	סֻכַּת
סִבַּתְכֶם/כֶן	כַּלַּתְכֶם/כֶן	סֻכַּתְכֶם/כֶן

8. The qamats in nouns of patterns פַּעָל פִּעָל and פֻּעָל, e.g. דַּיָּן (judge), אִכָּר (farmer), and שֻׁתָּף (partner), is reduced to a pataḥ in the construct singular and before כֶם/כֶן . Thus:

דַּיַּנְכֶם/כֶן	('Judge of widows' (Psalm 68))	דַּיַּן אַלְמָנוֹת
אִכַּרְכֶם/כֶן	(a farmer of the region)	אִכַּר הָאֵזוֹר
שֻׁתַּפְכֶם/כֶן	(my brother's partner)	שֻׁתַּף אָחִי

However, in the construct plural and before ־ֵיכֶם/־ֵיכֶן the qamats is retained, e.g.

דַּיָּנֵיכֶם/כֶן	דַּיָּנֵי אַלְמָנוֹת
אִכָּרֵיכֶם/כֶן	אִכָּרֵי הָאֵזוֹר
שֻׁתָּפֵיכֶם/כֶן	שֻׁתָּפֵי אָחִי

9. Many nouns whose last syllable is pointed with a qamats and whose penultimate syllable ends either in silent sheva, e.g. מִקְדָּשׁ[1] (temple), or pure long vowel, e.g. כּוֹכָב (star), reduce the qamats to a pataḥ in the construct singular and before כֶם/כֶן , and to sheva in the construct plural and before ־ֵיכֶם/־ֵיכֶן . Thus:

מִקְדַּשְׁכֶם/כֶן	מִקְדַּשׁ ה׳
כּוֹכַבְכֶם/כֶן	כּוֹכַב הַשָּׁמַיִם
מִקְדְּשֵׁיכֶם/כֶן	מִקְדְּשֵׁי ה׳
כּוֹכְבֵיכֶם/כֶן	כּוֹכְבֵי הַשָּׁמַיִם

[1] But there are exceptions, e.g. עַקְרָב (scorpion), מִשְׂגָּב (refuge), where the qamats is reduced to a pataḥ throughout the declension, e.g. מִשְׂגַּבִּי , מִשְׂגַּבְּךָ , מִשְׂגַּבּוֹ etc.

C. Nouns where two vowels are affected by declension

1. Nouns of the patterns פָּעָל פֵּעָל and פָּעֵל, e.g. דָּבָר[1] (word), לֵבָב (heart), and זָקֵן (old), have the qamats or tsere in the first syllable reduced to sheva and the qamats or tsere in the second syllable reduced to pataḥ in the construct singular and before כֶם/כֶן. Thus:

דָּבָר (absolute)
דְּבַר (construct)[2]
דְּבָרָם דְּבַרְכֶם דְּבָרֵנוּ דְּבָרוֹ דְּבָרְךָ דְּבָרִי (masc.)
דְּבָרָן דְּבַרְכֶן " דְּבָרָהּ דְּבָרֵךְ " (fem.)

לֵבָב (absolute)
לְבַב (construct)
לְבַבְכֶם/כֶן

זָקֵן (absolute)
זְקַן (construct)
זְקַנְכֶם/כֶן

Note

The process of the vowel changes is as follows: The second qamats or tsere is reduced to a short vowel (see chapter 17). The first qamats or tsere is reduced to a sheva because the stress is moved forward (see chapter 1, section 8).

In the plural the declension is as follows:

דְּבָרִים (absolute)
דִּבְרֵי (construct)
דִּבְרֵיהֶם דִּבְרֵיכֶם דְּבָרֵינוּ דְּבָרָיו דְּבָרֶיךָ דְּבָרַי (masc.)
דִּבְרֵיהֶן דִּבְרֵיכֶן " דְּבָרֶיהָ דְּבָרַיִךְ " (fem.)

Note

The process of the vowel changes is as follows: דָ becomes דְ in the plural because the stress is moved forward from בָר to רִים; רִים becomes רֵי in the construct according to rule (see chapter 17), the qamats under the ב becomes sheva because the main stress is passed on to the סוֹמֵךְ (see chapter 17), and the ד takes a ḥiriq in order to avoid two shevas at the beginning of a word (see chapter 1, section 3).

[1] But there are exceptions, e.g. גָּמָל (camel), שָׁפָן (rabbit), etc. where the second qamats is reduced to a pataḥ in all persons and a dagesh is inserted in the last letter, e.g. גְּמַלִּי, גְּמַלְּךָ, גְּמַלּוֹ, גְּמַלֵּנוּ.

[2] If the first letter is a guttural, then the qamats is reduced to a ḥ^{a}ṭaph pataḥ. Thus:

(labour) עָמָל (absolute)
עֲמַל (construct)
עֲמָלָם עֲמַלְכֶם עֲמָלֵנוּ עֲמָלוֹ עֲמָלְךָ עֲמָלִי (masc.)
עֲמָלָן עֲמַלְכֶן " עֲמָלָהּ עֲמָלֵךְ " (fem.)

2. Nouns of the patterns פָּלָה and פֵּלָה have their first long vowel reduced to sheva (or composite sheva if the first letter is a guttural) and the second vowel reduced to a pataḥ in the construct singular and before כֶם/כֶן, e.g.

(absolute)	שָׁנָה		(year)			
(construct)	שְׁנַת					
(masc.)	שְׁנָתִי	שְׁנָתְךָ	שְׁנָתוֹ	שְׁנָתֵנוּ	שְׁנַתְכֶם	שְׁנָתָם
(fem.)	"	שְׁנָתֵךְ	שְׁנָתָהּ	"	שְׁנַתְכֶן	שְׁנָתָן

(absolute)	עֵצָה		(advice)			
(construct)	עֲצַת					
(masc.)	עֲצָתִי	עֲצָתְךָ	עֲצָתוֹ	עֲצָתֵנוּ	עֲצַתְכֶם	עֲצָתָם
(fem.)	"	עֲצָתֵךְ	עֲצָתָהּ	"	עֲצַתְכֶן	עֲצָתָן

3. Nouns of the pattern פְּעָלָה whose first letter is part of the root (contrast section B.4 above) are declined as follows:

(absolute)	צְדָקָה		(charity)			
(construct)	צִדְקַת					
(masc.)	צִדְקָתִי	צִדְקָתְךָ	צִדְקָתוֹ	צִדְקָתֵנוּ	צִדְקַתְכֶם	צִדְקָתָם
(fem.)	"	צִדְקָתֵךְ	צִדְקָתָהּ	"	צִדְקַתְכֶן	צִדְקָתָן

Note

The process of the vowel changes is as follows: קָה becomes קַת; דָ becomes דְ and צְ becomes צִ in order not to have two shevas at the beginning of the word. Nouns whose first letter is a guttural prefer a pataḥ or a segol under the first letter, e.g.

(absolute)	אֲדָמָה		(land)	עֲגָלָה	(cart)
(construct)	אַדְמַת			עֶגְלַת	
	אַדְמָתִי	אַדְמָתְךָ ...		עֶגְלָתִי	עֶגְלָתְךָ ...

D. Nouns whose stress is on the penultimate

1. Nouns whose stress (when they occur without suffixes) is on the penultimate syllable belong to three types:
a) פֶּעֶל like מֶלֶךְ (king) — also פַּעַל like נַעַר (lad)
b) פֵּעֶל like סֵפֶר (book) — also פֵּעַל like מֵצַח (forehead)
c) פֹּעֶל like צֹרֶךְ (need) — also פֹּעַל like זֹהַר (brightness).

These are known as segolate nouns (see chapter 1, section 8) and their declension is as follows:

a)

(absolute)	מֶלֶךְ					
(construct)	מֶלֶךְ					
(masc.)	מַלְכִּי	מַלְכְּךָ	מַלְכּוֹ	מַלְכֵּנוּ	מַלְכְּכֶם	מַלְכָּם
(fem.)	"	מַלְכֵּךְ	מַלְכָּהּ	"	מַלְכְּכֶן	מַלְכָּן

When the second letter is a guttural, a ḥ^a^ṭaph pataḥ replaces the sheva under it. But before a sounded sheva the ḥ^a^ṭaph is lengthened to a full vowel, e.g.

נַעַר (absolute)
נַעַר (construct)
(masc.) נַעֲרִי נַעַרְךָ נַעֲרוֹ נַעֲרֵנוּ נַעַרְכֶם נַעֲרָם
(fem.) " נַעֲרֵךְ נַעֲרָהּ " נַעַרְכֶן נַעֲרָן

b)
סֵפֶר[1] (absolute)
סֵפֶר (construct)
(masc.) סִפְרִי סִפְרְךָ סִפְרוֹ סִפְרֵנוּ סִפְרְכֶם סִפְרָם
(fem.) " סִפְרֵךְ סִפְרָהּ " סִפְרְכֶן סִפְרָן

If the first letter is a guttural, a segol replaces the ḥiriq, e.g.

חֵלֶק (absolute) (part)
חֵלֶק (construct)
(masc.) חֶלְקִי חֶלְקְךָ חֶלְקוֹ חֶלְקֵנוּ חֶלְקְכֶם חֶלְקָם
(fem.) " חֶלְקֵךְ חֶלְקָהּ " חֶלְקְכֶן חֶלְקָן

In nouns of the פֵּעַל pattern a ḥ^a^ṭaph pataḥ replaces the sheva under the guttural third letter, e.g.

מֵצַח (absolute)
מֵצַח (construct)
(masc.) מִצְחִי מִצְחֲךָ מִצְחוֹ מִצְחֵנוּ מִצְחֲכֶם מִצְחָם
(fem.) " מִצְחֵךְ מִצְחָהּ " מִצְחֲכֶן מִצְחָן

c)
צֹרֶךְ (absolute)
צֹרֶךְ (construct)
(masc.) צָרְכִּי צָרְכְּךָ צָרְכּוֹ צָרְכֵּנוּ צָרְכְּכֶם צָרְכָּם[2]
(fem.) " צָרְכֵּךְ צָרְכָּהּ " צָרְכְּכֶן צָרְכָּן

In nouns of the פֹּעַל pattern, a ḥ^a^ṭaph qamats replaces the sheva under the second letter. But before a sounded sheva the ḥ^a^ṭaph is lengthened to a full vowel, e.g.

זֹהַר (absolute)
זֹהַר (construct)
(masc.) זָהֳרִי זָהָרְךָ זָהֳרוֹ זָהֳרֵנוּ זָהָרְכֶם זָהֳרָם
(fem.) " זָהֳרֵךְ זָהֳרָהּ " זָהָרְכֶן זָהֳרָן

1 There are nouns of the פֶּעֶל pattern whose declension is like that of the פֵּעֶל pattern, e.g. בֶּגֶד (garment), בִּגְדִי בִּגְדְךָ בִּגְדוֹ בִּגְדֵנוּ בִּגְדְכֶם בִּגְדָם

2 The qamats under the צ is a qamats qaṭan (pronounced o, see chapter 1, section 5).

The declension of the segolate nouns in the plural is as follows:

a)

(absolute)	מְלָכִים					
(construct)	מַלְכֵי					
(masc.)	מְלָכַי	מְלָכֶיךָ	מְלָכָיו	מְלָכֵינוּ	מַלְכֵיכֶם	מַלְכֵיהֶם
(fem.)	"	מְלָכַיִךְ	מְלָכֶיהָ	"	מַלְכֵיכֶן	מַלְכֵיהֶן

b)

(absolute)	סְפָרִים					
(construct)	סִפְרֵי					
(masc.)	סְפָרַי	סְפָרֶיךָ	סְפָרָיו	סְפָרֵינוּ	סִפְרֵיכֶם	סִפְרֵיהֶם
(fem.)	"	סְפָרַיִךְ	סְפָרֶיהָ	"	סִפְרֵיכֶן	סִפְרֵיהֶן

c)

(absolute)	צְרָכִים					
(construct)	צָרְכֵי					
(masc.)	צְרָכַי[1]	צְרָכֶיךָ	צְרָכָיו	צְרָכֵינוּ	צָרְכֵיכֶם	צָרְכֵיהֶם
(fem.)	"	צְרָכַיִךְ	צְרָכֶיהָ	"	צָרְכֵיכֶן	צָרְכֵיהֶן

2. Nouns like בַּיִת (house), זַיִת (olive), etc. are also stressed on the penultimate and their declension is as follows:

Sing.

(absolute)	זַיִת					
(construct)	זֵית[2]					
(masc.)	זֵיתִי	זֵיתְךָ	זֵיתוֹ	זֵיתֵנוּ	זֵיתְכֶם	זֵיתָם
(fem.)	"	זֵיתֵךְ	זֵיתָהּ	"	זֵיתְכֶן	זֵיתָן

Plur.[3]

(absolute)	זֵיתִים					
(construct)	זֵיתֵי					
(masc.)	זֵיתַי	זֵיתֶיךָ	זֵיתָיו	זֵיתֵינוּ	זֵיתֵיכֶם	זֵיתֵיהֶם
(fem.)	"	זֵיתַיִךְ	זֵיתֶיהָ	"	זֵיתֵיכֶן	זֵיתֵיהֶן

[1] Some nouns like קֹדֶשׁ (holiness), שֹׁרֶשׁ (root), etc. have a qamats qaṭan under the first letter in the plural declension (not a sheva), e.g. שָׁרָשַׁי, שָׁרָשֶׁיךָ, שָׁרָשָׁיו etc.

[2] Similarly the construct of לַיְלָה (night) is לֵיל, from an absolute form לַיִל. The plural (absolute and construct) is לֵילוֹת.

[3] בָּתִּים, the plural of בַּיִת, is declined as follows:

(absolute)	בָּתִּים					
(construct)	בָּתֵּי					
(masc.)	בָּתַּי	בָּתֶּיךָ	בָּתָּיו	בָּתֵּינוּ	בָּתֵּיכֶם	בָּתֵּיהֶם
(fem.)	"	בָּתַּיִךְ	בָּתֶּיהָ	"	בָּתֵּיכֶן	בָּתֵּיהֶן

E. Nouns derived from the ע"ע *verbs*

a) Of the pattern פַּל e.g.

(absolute)	גַּן	(garden)				
(construct)	גַּן					
(masc.)	גַּנִּי	גַּנְּךָ	גַּנּוֹ	גַּנֵּנוּ	גַּנְּכֶם	גַּנָּם
(fem.)	"	גַּנֵּךְ	גַּנָּהּ	"	גַּנְּכֶן	גַּנָּן

But in some cases the pataḥ is replaced by a ḥiriq in declension, e.g.

(absolute)	צַד	(side)				
(construct)	צַד					
(masc.)	צִדִּי	צִדְּךָ	צִדּוֹ	צִדֵּנוּ	צִדְּכֶם	צִדָּם
(fem.)	"	צִדֵּךְ	צִדָּהּ	"	צִדְּכֶן	צִדָּן

b) Of the pattern פֵּל e.g.

(absolute)	לֵב	(heart)				
(construct)	לֵב					
(masc.)	לִבִּי	לִבְּךָ	לִבּוֹ	לִבֵּנוּ	לִבְּכֶם	לִבָּם
(fem.)	"	לִבֵּךְ	לִבָּהּ	"	לִבְּכֶן	לִבָּן

c) Of the pattern פֹּל e.g.

(absolute)	דֹּב	(bear)				
(construct)	דֹּב					
(masc.)	דֻּבִּי	דֻּבְּךָ	דֻּבּוֹ	דֻּבֵּנוּ	דֻּבְּכֶם	דֻּבָּם
(fem.)	"	דֻּבֵּךְ	דֻּבָּהּ	"	דֻּבְּכֶן	דֻּבָּן

F. Nouns ending in ֶה *(derived from* ל"ה *verbs)*

(absolute)	מוֹרֶה	(teacher)				
(construct)	מוֹרֵה					
(masc.)	מוֹרִי	מוֹרְךָ	מוֹרוֹ	מוֹרֵנוּ	מוֹרְכֶם	מוֹרָם
(fem.)	"	מוֹרֵךְ	מוֹרָהּ	"	מוֹרְכֶן	מוֹרָן

G. Some irregular nouns

1. The nouns אָב (father), אָח (brother), and חָם (father in law) have the same declension in the singular. Thus:

אָב (absolute)
אֲבִי (construct)
(masc.) אָבִי אָבִיךָ אָבִיו אָבִינוּ אֲבִיכֶם אֲבִיהֶם
(fem.) " אָבִיךְ אָבִיהָ " אֲבִיכֶן אֲבִיהֶן

אָח (absolute)
אֲחִי (construct)
(masc.) אָחִי אָחִיךָ אָחִיו אָחִינוּ אֲחִיכֶם אֲחִיהֶם
(fem.) " אָחִיךְ אָחִיהָ " אֲחִיכֶן אֲחִיהֶן

חָם (absolute)
חֲמִי (construct)
(masc.) חָמִי חָמִיךָ חָמִיו חָמִינוּ חֲמִיכֶם חֲמִיהֶם
(fem.) " חָמִיךְ חָמִיהָ " חֲמִיכֶן חֲמִיהֶן

But in the plural they are declined differently. Thus:

אָבוֹת (absolute)
אֲבוֹת (construct)
(masc.) אֲבוֹתַי אֲבוֹתֶיךָ אֲבוֹתָיו אֲבוֹתֵינוּ אֲבוֹתֵיכֶם אֲבוֹתֵיהֶם
(fem.) " אֲבוֹתַיִךְ אֲבוֹתֶיהָ " אֲבוֹתֵיכֶן אֲבוֹתֵיהֶן

אַחִים (absolute)
אֲחֵי (construct)
(masc.) אַחַי אַחֶיךָ אֶחָיו אַחֵינוּ אֲחֵיכֶם אֲחֵיהֶם
(fem.) " אַחַיִךְ אַחֶיהָ " אֲחֵיכֶן אֲחֵיהֶן

חָמִים (absolute)
חֲמֵי (construct)
(masc.) חָמַי חָמֶיךָ חָמָיו חָמֵינוּ חֲמֵיכֶם חֲמֵיהֶם
(fem.) " חָמַיִךְ חָמֶיהָ " חֲמֵיכֶן חֲמֵיהֶן

2. The word אָחוֹת (sister) is declined as follows:

Sing.
אָחוֹת (absolute)
אֲחוֹת (construct)
(masc.) אֲחוֹתִי אֲחוֹתְךָ אֲחוֹתוֹ אֲחוֹתֵנוּ אֲחוֹתְכֶם אֲחוֹתָם
(fem.) " אֲחוֹתֵךְ אֲחוֹתָהּ " אֲחוֹתְכֶן אֲחוֹתָן

Plur.
אֲחָיוֹת (absolute)
אַחְיוֹת (construct)
(masc.) אַחְיוֹתַי אַחְיוֹתֶיךָ אַחְיוֹתָיו אַחְיוֹתֵינוּ אַחְיוֹתֵיכֶם אַחְיוֹתֵיהֶם
(fem.) " אַחְיוֹתַיִךְ אַחְיוֹתֶיהָ " אַחְיוֹתֵיכֶן אַחְיוֹתֵיהֶן

3. בֵּן (son) and שֵׁם (name) have almost exactly the same declension in the singular. Thus:

בֵּן (absolute)
בֶּן (בִּן) (construct)
בְּנִי בִּנְךָ בְּנוֹ בְּנֵנוּ בִּנְכֶם בְּנָם (masc.)
" בְּנֵךְ בְּנָהּ " בִּנְכֶן בְּנָן (fem.)

שֵׁם (absolute)
שֵׁם (שֶׁם) (construct)
שְׁמִי שִׁמְךָ שְׁמוֹ שְׁמֵנוּ שִׁמְכֶם שְׁמָם (masc.)
" שְׁמֵךְ שְׁמָהּ " שִׁמְכֶן שְׁמָן (fem.)

But in the plural they differ. Thus:

בָּנִים (absolute)
בְּנֵי (construct)
בָּנַי בָּנֶיךָ בָּנָיו בָּנֵינוּ בְּנֵיכֶם בְּנֵיהֶם (masc.)
" בָּנַיִךְ בָּנֶיהָ " בְּנֵיכֶן בְּנֵיהֶן (fem.)

שֵׁמוֹת (absolute)
שְׁמוֹת (construct)
שְׁמוֹתַי שְׁמוֹתֶיךָ שְׁמוֹתָיו שְׁמוֹתֵינוּ שְׁמוֹתֵיכֶם שְׁמוֹתֵיהֶם (masc.)
" שְׁמוֹתַיִךְ שְׁמוֹתֶיהָ " שְׁמוֹתֵיכֶן שְׁמוֹתֵיהֶן (fem.)

4. בַּת (daughter) and its plural בָּנוֹת are declined as follows:

בַּת (absolute)
בַּת (construct)
בִּתִּי בִּתְּךָ בִּתּוֹ בִּתֵּנוּ בִּתְּכֶם בִּתָּם (masc.)
" בִּתֵּךְ בִּתָּהּ " בִּתְּכֶן בִּתָּן (fem.)

בָּנוֹת (absolute)
בְּנוֹת (construct)
בְּנוֹתַי בְּנוֹתֶיךָ בְּנוֹתָיו בְּנוֹתֵינוּ בְּנוֹתֵיכֶם בְּנוֹתֵיהֶם (masc.)
" בְּנוֹתַיִךְ בְּנוֹתֶיהָ " בְּנוֹתֵיכֶן בְּנוֹתֵיהֶן (fem.)

5. פֶּה (mouth) is declined as follows:

פֶּה (absolute)
פִּי (construct)
פִּי פִּ֫יךָ פִּיו פִּ֫ינוּ פִּיכֶם פִּיהֶם (masc.)
" פִּיךְ פִּ֫יהָ " פִּיכֶן פִּיהֶן (fem.)

The plural of פֶּה is פִּיּוֹת and is declined as follows:

פִּיּוֹת (absolute)
פִּיּוֹת (construct)
פִּיּוֹתַי פִּיּוֹתֶיךָ פִּיּוֹתָיו פִּיּוֹתֵינוּ פִּיּוֹתֵיכֶם פִּיּוֹתֵיהֶם (masc.)
" פִּיּוֹתַיִךְ פִּיּוֹתֶיהָ " פִּיּוֹתֵיכֶן פִּיּוֹתֵיהֶן (fem.)

6. שֶׂה (lamb) is declined as follows:-

שֶׂה (absolute)
שֵׂה (construct)
שֵׂיִי שֵׂיךָ שֵׂיוֹ שֵׂיֵנוּ שֵׂיכֶם שֵׂיָם (masc.)
" שֵׂיֵךְ שֵׂיָהּ " שֵׂיכֶן שֵׂיָן (fem.)

The plural of שֶׂה is שֵׂיִים and is declined as follows:

שֵׂיִים (absolute)
שֵׂיֵי (construct)
שֵׂיַי שֵׂיֶיךָ שֵׂיָיו שֵׂיֵינוּ שֵׂיֵיכֶם שֵׂיֵיהֶם (masc.)
" שֵׂיַיִךְ שֵׂיֶיהָ " שֵׂיֵיכֶן שֵׂיֵיהֶן (fem.)

7. אֵם (mother) is declined as follows:

אֵם (absolute)
אֵם (construct)
אִמִּי אִמְּךָ אִמּוֹ אִמֵּנוּ אִמְּכֶם אִמָּם (masc.)
" אִמֵּךְ אִמָּהּ " אִמְּכֶן אִמָּן (fem.)

In the plural it is declined as follows:

אִמּוֹת (אִמָּהוֹת) (absolute)
אִמּוֹת (construct)
אִמּוֹתַי אִמּוֹתֶיךָ אִמּוֹתָיו אִמּוֹתֵינוּ אִמּוֹתֵיכֶם אִמּוֹתֵיהֶם (masc.)
" אִמּוֹתַיִךְ אִמּוֹתֶיהָ " אִמּוֹתֵיכֶן אִמּוֹתֵיהֶן (fem.)

8. אִשָּׁה (woman, wife) and its plural נָשִׁים are declined as follows:

אִשָּׁה (absolute)
אֵשֶׁת (construct)
אִשְׁתִּי אִשְׁתְּךָ אִשְׁתּוֹ אִשְׁתֵּנוּ אִשְׁתְּכֶם אִשְׁתָּם (masc.)

נָשִׁים (absolute)
נְשֵׁי (construct)
נָשַׁי נָשֶׁיךָ נָשָׁיו נָשֵׁינוּ נְשֵׁיכֶם נְשֵׁיהֶם (masc.)

CHAPTER 19

Declension of prepositions and adverbs

אֶל = (to)

(masc.) אֵלַי אֵלֶיךָ אֵלָיו אֵלֵינוּ אֲלֵיכֶם אֲלֵיהֶם

(fem.) " אֵלַיִךְ אֵלֶיהָ " אֲלֵיכֶן אֲלֵיהֶן

אַחֲרֵי = (after)

(masc.) אַחֲרַי אַחֲרֶיךָ אַחֲרָיו אַחֲרֵינוּ אַחֲרֵיכֶם אַחֲרֵיהֶם

(fem.) " אַחֲרַיִךְ אַחֲרֶיהָ " אַחֲרֵיכֶן אַחֲרֵיהֶן

אֵצֶל = (near)

(masc.) אֶצְלִי אֶצְלְךָ אֶצְלוֹ אֶצְלֵנוּ אֶצְלְכֶם אֶצְלָם

(fem.) " אֶצְלֵךְ אֶצְלָהּ " אֶצְלְכֶן אֶצְלָן

בְּ = (in)

(masc.) בִּי בְּךָ בּוֹ בָּנוּ בָּכֶם בָּהֶם

(fem.) " בָּךְ בָּהּ " בָּכֶן בָּהֶן

בֵּין = (between)

(masc) בֵּינִי בֵּינְךָ בֵּינוֹ בֵּינֵינוּ בֵּינֵיכֶם בֵּינֵיהֶם

(fem.) " בֵּינֵךְ בֵּינָהּ " בֵּינֵיכֶן בֵּינֵיהֶן

בִּלְתִּי = (except)

(masc.) בִּלְתִּי בִּלְתְּךָ בִּלְתּוֹ בִּלְתֵּנוּ בִּלְתְּכֶם בִּלְתָּם

(fem.) " בִּלְתֵּךְ בִּלְתָּהּ " בִּלְתְּכֶן בִּלְתָּן

בְּעַד = (for)

(masc.) בַּעֲדִי בַּעַדְךָ בַּעֲדוֹ בַּעֲדֵנוּ בַּעַדְכֶם בַּעֲדָם

(fem.) " בַּעֲדֵךְ בַּעֲדָהּ " בַּעַדְכֶן בַּעֲדָן

הִנֵּה = (behold)

(masc.) הִנֵּנִי הִנְּךָ הִנּוֹ (הִנֵּהוּ) הִנֶּנּוּ הִנְּכֶם הִנָּם

(fem.) " הִנָּךְ הִנָּהּ (הִנֶּהָ) " הִנְּכֶן הִנָּן

כְּמוֹ = (like)

(masc.) כָּמוֹנִי כָּמוֹךָ כָּמוֹהוּ כָּמוֹנוּ כְּמוֹכֶם כְּמוֹהֶם (כָּכֶם כָּהֵם)

(fem.) " כָּמוֹךְ כָּמוֹהָ " כְּמוֹכֶן כְּמוֹהֶן (כָּכֶן כָּהֵן)

כֹּל[1] = (all)

(masc.) כֻּלִּי כֻּלְּךָ כֻּלּוֹ כֻּלָּנוּ כֻּלְּכֶם כֻּלָּם

(fem.) " כֻּלָּךְ[2] כֻּלָּהּ " כֻּלְּכֶן כֻּלָּן

לְ = (to)

(masc.) לִי לְךָ לוֹ לָנוּ לָכֶם לָהֶם

(fem.) " לָךְ לָהּ " לָכֶן לָהֶן

לִפְנֵי = (before)

(masc.) לְפָנַי לְפָנֶיךָ לְפָנָיו לְפָנֵינוּ לִפְנֵיכֶם לִפְנֵיהֶם

(fem.) " לְפָנַיִךְ לְפָנֶיהָ " לִפְנֵיכֶן לִפְנֵיהֶן

מִן = (from)

(masc.) מִמֶּנִּי מִמְּךָ מִמֶּנּוּ מִמֶּנּוּ מִכֶּם מֵהֶם

(fem.) " מִמֵּךְ מִמֶּנָּה " מִכֶּן מֵהֶן

[1] In the construct, כָּל (with qamats qaṭan).

[2] Or כֻּלֵּךְ.

עוֹד = (yet)

(masc.) עוֹדֶנִּי עוֹדְךָ עוֹדֶנּוּ (עוֹדוֹ) עוֹדֶנּוּ עוֹדְכֶם עוֹדָם

(fem.) " עוֹדֵךְ עוֹדֶנָּה (עוֹדָהּ) " עוֹדְכֶן עוֹדָן

עַל = (on)

(masc.) עָלַי עָלֶיךָ עָלָיו עָלֵינוּ עֲלֵיכֶם עֲלֵיהֶם

(fem.) " עָלַיִךְ עָלֶיהָ " עֲלֵיכֶן עֲלֵיהֶן

עִם = (with)

(masc.) עִמִּי עִמְּךָ עִמּוֹ עִמָּנוּ עִמָּכֶם עִמָּהֶם (עִמָּם)

(fem.) " עִמָּךְ עִמָּהּ " עִמָּכֶן עִמָּהֶן (עִמָּן)

תַּחַת = (under)

(masc.) תַּחְתַּי תַּחְתֶּיךָ תַּחְתָּיו תַּחְתֵּינוּ תַּחְתֵּיכֶם תַּחְתֵּיהֶם (תַּחְתָּם)

(fem.) " תַּחְתַּיִךְ תַּחְתֶּיהָ " תַּחְתֵּיכֶן תַּחְתֵּיהֶן (תַּחְתָּן)

Note that some particles are declined like the singular noun and others like the plural noun.

CHAPTER 20

The particles יֵשׁ , אַיִן[1] *and* אֵת

1. יֵשׁ means 'there is', 'there are'; אַיִן means 'there is not', 'there are not', e.g.

(there is a man in the house) יֵשׁ אִישׁ בַּבַּיִת
(there are men (or 'people') in the house) יֵשׁ אֲנָשִׁים בַּבַּיִת
(there is no man (or 'nobody') in the house) אֵין אִישׁ בַּבַּיִת
(there are no men (or 'no people') in the house) אֵין אֲנָשִׁים בַּבַּיִת

2. These particles are also used to express the verb 'to have' when followed by the inseparable preposition ל, e.g.

(David has a book) יֵשׁ לְדָוִד סֵפֶר
(David has no book) אֵין לְדָוִד סֵפֶר

The order of the words can be:

יֵשׁ סֵפֶר לְדָוִד or לְדָוִד יֵשׁ סֵפֶר
אֵין סֵפֶר לְדָוִד or לְדָוִד אֵין סֵפֶר

יֵשׁ is sometimes omitted.

3. יֵשׁ and אַיִן are declined as follows:

יֵשׁ (absolute)
יֶשׁ (construct)
יֶשְׁנִי יֶשְׁךָ יֶשְׁנוֹ יֶשְׁנֶנּוּ יֶשְׁכֶם יֶשְׁנָם (masc.)
" יֶשְׁכֵךְ יֶשְׁנָהּ " יֶשְׁכֶן יֶשְׁנָן (fem.)

אַיִן (absolute)
אֵין (construct)
אֵינֶנִּי (אֵינִי) אֵינְךָ אֵינֶנּוּ (אֵינוֹ) אֵינֶנּוּ אֵינְכֶם אֵינָם (masc.)
" " אֵינֵךְ אֵינֶנָּה (אֵינָהּ) " אֵינְכֶן אֵינָן (fem.)

4. The verb היה followed by ל expresses the verb 'to have' in the past and in the future, e.g.

(I had a friend) הָיָה לִי חָבֵר
(I had friends) הָיוּ לִי חֲבֵרִים
(I shall have a friend) יִהְיֶה לִי חָבֵר
(I shall have friends – masc.) יִהְיוּ לִי חֲבֵרִים
(I shall have friends – fem.) תִּהְיֶינָה לִי חֲבֵרוֹת

[1] becomes אֵין when connected to another word in the same way as בַּיִת becomes בֵּית in the construct (see chapter 17). When declined, it means 'I am not', etc.

The negative is expressed by placing לֹא before the verb, e.g.

(I did not have a son) לֹא הָיָה לִי בֵּן
(I shall not have a son) לֹא יִהְיֶה לִי בֵּן
(I shall not have daughters) לֹא תִּהְיֶינָה לִי בָּנוֹת

5. *The particle* אֶת

A definite direct object is usually preceded by the particle אֶת e.g. אֲנִי רוֹאֶה אֶת הַסֵּפֶר (I see the book).[1]

The particle אֶת is declined as follows:

אוֹתִי אוֹתְךָ אוֹתוֹ אוֹתָנוּ אֶתְכֶם אוֹתָם (masc.)
" אוֹתָךְ אוֹתָהּ " אֶתְכֶן אוֹתָן (fem.)

When אֶת has the meaning 'with', its declension is as follows:

אִתִּי אִתְּךָ אִתּוֹ אִתָּנוּ אִתְּכֶם אִתָּם (masc.)
" אִתָּךְ אִתָּהּ " אִתְּכֶן אִתָּן (fem.)

[1] A word is definite (a) if it has the definite article (see chapter 1, section 9), (b) if it is in a səmikhuth construction (see chapter 17), and (c) if it has a pronominal suffix (see chapter 18). Proper names also count as definite.

CHAPTER 21

The numerals

(A) Cardinal numbers

1. (from 1 to 10)

	Masculine Absolute	*Masculine* Construct	*Feminine* Absolute	*Feminine* Construct
1	אֶחָד	אַחַד	אַחַת	אַחַת
2	שְׁנַיִם	שְׁנֵי	שְׁתַּיִם	שְׁתֵּי
3	שְׁלֹשָׁה	שְׁלֹשֶׁת	שָׁלֹשׁ	שְׁלֹשׁ
4	אַרְבָּעָה	אַרְבַּעַת	אַרְבַּע	אַרְבַּע
5	חֲמִשָּׁה	חֲמֵשֶׁת	חָמֵשׁ	חֲמֵשׁ
6	שִׁשָּׁה	שֵׁשֶׁת	שֵׁשׁ	שֵׁשׁ
7	שִׁבְעָה	שִׁבְעַת	שֶׁבַע	שְׁבַע
8	שְׁמֹנָה	שְׁמֹנַת	שְׁמֹנֶה	שְׁמֹנֶה
9	תִּשְׁעָה	תִּשְׁעַת	תֵּשַׁע	תְּשַׁע
10	עֲשָׂרָה	עֲשֶׂרֶת	עֶשֶׂר	עֶשֶׂר

2. (from 11 to 19)

	Masculine	*Feminine*
11	אַחַד עָשָׂר	אַחַת עֶשְׂרֵה
12	שְׁנֵים עָשָׂר	שְׁתֵּים עֶשְׂרֵה
13	שְׁלֹשָׁה עָשָׂר	שְׁלֹשׁ עֶשְׂרֵה
14	אַרְבָּעָה עָשָׂר	אַרְבַּע עֶשְׂרֵה
15	חֲמִשָּׁה עָשָׂר	חֲמֵשׁ עֶשְׂרֵה
16	שִׁשָּׁה עָשָׂר	שֵׁשׁ עֶשְׂרֵה
17	שִׁבְעָה עָשָׂר	שְׁבַע עֶשְׂרֵה
18	שְׁמֹנָה עָשָׂר	שְׁמֹנֶה עֶשְׂרֵה
19	תִּשְׁעָה עָשָׂר	תְּשַׁע עֶשְׂרֵה

3. (from 20 to 90)

עֶשְׂרִים (20) שְׁלֹשִׁים (30) אַרְבָּעִים (40) חֲמִשִּׁים (50)
שִׁשִּׁים (60) שִׁבְעִים (70) שְׁמֹנִים (80) תִּשְׁעִים (90).

4. (from 100 to 900)

מֵאָה (100) מָאתַיִם (שְׁתֵּי מֵאוֹת) (200) שְׁלֹשׁ מֵאוֹת (300)
אַרְבַּע מֵאוֹת (400) חֲמֵשׁ מֵאוֹת (500) שֵׁשׁ מֵאוֹת (600)
שְׁבַע מֵאוֹת (700) שְׁמֹנֶה מֵאוֹת (800) תְּשַׁע מֵאוֹת (900).

5. (from 1 000 to 10 000)

אֶלֶף (1000) אַלְפַּיִם (שְׁנֵי אֲלָפִים) (2000) שְׁלֹשֶׁת אֲלָפִים (3000)
אַרְבַּעַת אֲלָפִים (4000) חֲמֵשֶׁת אֲלָפִים (5000) שֵׁשֶׁת אֲלָפִים (6000)
שִׁבְעַת אֲלָפִים (7000) שְׁמֹנַת אֲלָפִים (8000) תִּשְׁעַת אֲלָפִים (9000)
עֲשֶׂרֶת אֲלָפִים (רְבָבָה) (10000).

6. (100 000) מֵאָה אֶלֶף
7. (1 000 000) מִילְיוֹן

NOTES

1. The cardinal numbers are either masculine or feminine depending on the word to which they are attached.
2. Each gender has two forms – absolute and construct.
3. Before a definite noun the construct form is normally used, e.g. חֲמֵשֶׁת הָאַחִים (the five brothers).
4. The construct form is normally used before מֵאוֹת and אַלְפֵים.
5. The construct form is almost always used for the numeral 'two' followed by a noun, e.g.
   שְׁנֵי יְלָדִים (two boys) not שְׁנַיִם יְלָדִים
   שְׁתֵּי יְלָדוֹת (two girls) not שְׁתַּיִם יְלָדוֹת
6. אֶחָד and אַחַת follow the noun but the other cardinal numbers usually precede it, e.g. יוֹם אֶחָד (one day) but שְׁלוֹשָׁה יָמִים (three days).

(B) Ordinal numbers

	Masculine	*Feminine*
first	רִאשׁוֹן	רִאשׁוֹנָה
second	שֵׁנִי	שֵׁנִית (שְׁנִיָּה)
third	שְׁלִישִׁי	שְׁלִישִׁית
fourth	רְבִיעִי	רְבִיעִית
fifth	חֲמִישִׁי	חֲמִישִׁית
sixth	שִׁשִּׁי	שִׁשִּׁית
seventh	שְׁבִיעִי	שְׁבִיעִית
eighth	שְׁמִינִי	שְׁמִינִית
ninth	תְּשִׁיעִי	תְּשִׁיעִית
tenth	עֲשִׂירִי	עֲשִׂירִית

NOTES

1. Over 10, the ordinal numbers are formed by prefixing ה (the definite article) to the cardinal numbers, e.g.
   הַחֲמִשָּׁה עָשָׂר/הַחֲמֵשׁ עֶשְׂרֵה (the fifteenth).
2. The ordinal numbers are used to name the days of the week (except Saturday, which is שַׁבָּת = Sabbath). Thus יוֹם רִאשׁוֹן = Sunday, יוֹם שֵׁנִי = Monday, etc.